本书得到
教育部人文社会科学重点研究基地重庆工商大学长江上游经济研究中心
"三峡库区百万移民安稳致富国家战略"服务国家特殊需求博士人才培养项目
重庆银行股份有限公司金融硕士研究生联合培养基地
的资助

习惯形成理论
与新生代农民工消费行为研究

杨 琦 著

STUDY ON THE THEORY OF HABIT FORMATION AND THE CONSUMPTION BEHAVIOR OF NEW GENERATION MIGRANT WORKERS

中国财经出版传媒集团
经济科学出版社
Economic Science Press

图书在版编目（CIP）数据

习惯形成理论与新生代农民工消费行为研究 / 杨琦著．—北京：经济科学出版社，2020. 3
ISBN 978 -7 -5218 -2310 -3

Ⅰ．①习…　Ⅱ．①杨…　Ⅲ．①民工 - 消费者行为论 - 研究 - 中国　Ⅳ．①F713. 55

中国版本图书馆 CIP 数据核字（2021）第 013806 号

责任编辑：李　军　谭志军
责任校对：靳玉环
责任印制：范　艳

习惯形成理论与新生代农民工消费行为研究
杨　琦　著
经济科学出版社出版、发行　新华书店经销
社址：北京市海淀区阜成路甲 28 号　邮编：100142
总编部电话：010 -88191217　发行部电话：010 -88191522
网址：www. esp. com. cn
电子邮箱：esp@ esp. com. cn
天猫网店：经济科学出版社旗舰店
网址：http://jjkxcbs. tmall. com
固安华明印业有限公司印装
710 × 1000　16 开　12. 25 印张　200000 字
2021 年 3 月第 1 版　2021 年 3 月第 1 次印刷
ISBN 978 -7 -5218 -2310 -3　定价：58. 00 元
（图书出现印装问题，本社负责调换。电话：010 -88191510）

前　言

受到国内国外经济的影响，我国经济增速告别高速增长阶段，进入了中高速轨道。依靠投资和出口带动经济高速发展已经不可持续，经济增长更多地需要消费来推动。我国有将近3亿农民工在城镇工作和生活，其中一半以上是新生代农民工。农民工在城市工作、生活和消费，从长远来看必然会成为真正的市民。农民工的消费会不会受到原来在农村地区生活而形成的“根深蒂固”的消费方式的影响？农民工的消费又会不会受到城市消费模式的影响？老一代农民工与新生代农民工受哪种影响更深？农民工在不同类型商品的消费中会受哪种影响？两代农民工消费方式有何不同？如何释放农民工这个巨大群体的消费潜力？诸如此类的疑问促使我们想要对其进行深入的探究。

传统的消费理论认为，消费过程是不连续的，过去的消费信息对当期的消费没有任何影响；而消费的习惯形成理论则认为，消费在时间上是不可分的，消费者的当期消费与前期消费是有密切联系的，就是所谓消费受到“习惯”影响，除此外，消费者还受到周边人群消费的影响。国内学者对习惯形成研究集中在城镇居民和农村居民，但与农民工相结合的研究却几乎没有。本研究欲从习惯形成理论入手，考察农民工是否受自身以前消费的影响（内部习惯形成）和受城市居民消费的影响（外部习惯形成），从经济学的角度，在实证分析上找到科学的支撑。而新生代农民工的消费集中反映了我国经济转型、体制转轨、消费文化变革的一些特点。研究这一特殊群体具有十分重要的意义，即新生代农民工具有的特征，他们有独特的消费观念与消费行为，因此对这一群体的消费行为的研究，有助于丰富消费经济学、消费社会学的理论；有利于弥补对新生代农民工消费方面研究的不足，丰富有关农民工的一些理论；新生代农民工有着巨大的消费潜力，对新生群体消费的研究对挖掘内需有着十分重要的意义；有助于了解新生代农民工的消费行为和消费方式存在哪些问题，并提出相应的对策建议，为引导新生代农民工群体树立健康向上、科学合理的消费方式提供参考。

研究内容主要分为四部分：

第一部分中，一是新生代农民工城市消费的实地调查情况。根据项目组在2016年底到2017年初的调查数据，分析了新生代农民工在进城前后的收入及消费情况。二是实地访谈。分别对“80后”和“90后”的新生代农民工的两个样本进行实地访谈，了解他们在农村和城市的生活收支情况，比较他们在农村和城市的消费情况。

第二部分是组群分析与数据处理。首先对本研究采用的组群分析方法进行介绍，组群一般表达式的推导以及其适用条件；其次是对后面的计量模型所采用的数据进行处理。

第三部分是农民工习惯形成机制研究。作为非正式制度，“习惯、惯例、制度”三者所依托的是个体、群体和社会。三者存在多主体和多层级的演化过程。在此理论基础上，本研究构建了农民工习惯形成机制的一个框架，为后续的研究提供一种思路。

第四部分对新生代农民工家庭消费的习惯形成效应进行了实证检验。利用2002年~2015年的CHIPS、CLDS和CGSS微观调查数据为基础，运用组群方法构建出“伪面板”，在生命周期中消费如何合理配置和消费如何在各种消费品中配置这两个方面，对新生代农民工家庭消费的内部和外部习惯形成采用广义矩估计方法进行了估计，并且与老一代农民工进行了比较。结果显示：

（1）在生命周期中消费如何合理配置方面，农民工总体样本的消费存在过度敏感性，也没有内部习惯形成，但存在外部习惯形成；如将农民工划分成老一代农民工和新生代农民工进行分析，他们的家庭消费同样没有内部习惯形成，但存在外部习惯形成。新生代农民工表现出更强烈的消费的敏感性和受外部习惯形成影响更大。

（2）在消费结构的配置方面，第一，农民工总体样本显示食品类消费呈现外部形成习惯效应；居住消费与医疗保健消费呈现耐久性，不存在外部习惯形成效应；文教娱消费呈现内部习惯形成效应；在家庭设备用品及服务消费上无习惯形成效应。第二，两代农民工家庭消费的习惯形成与消费行为有较大不同。新生代农民工居住消费呈现耐久性和外部习惯形成效应；老一代农民工在文教娱消费和其他商品和服务消费上面存在内部习惯形成，新生代农民工在文教娱方面的消费呈现耐久性，而无外部习惯形成效应；在家庭设备用品及服务消费方面，老一代农民工表现出消费的耐久性，而新生代农民工表现出消费的外部习惯形成。

农民工特别是新生代农民工的消费潜力是巨大的，如果措施得当，提高他们的素质和劳动技能，增加他们的收入，并且引导他们正确、合理的消费方式，使其消费潜力得到释放，对我国经济增长方式的转型具有十分重要的意义。由此，本研究提出以下建议和措施：第一，逐步建立完善的社会保障制度，减少农民工受不确定性因素的影响；第二，提高农民工收入，缩小与城镇居民的收入差距；第三，大力推进城市公共租赁住房的建设，让农民工能在城市安居乐业；第四，加强对年轻农民工的职业教育培训，提升素质和就业技能；第五，解决农民工的子女就学问题，解除其后顾之忧；第六，引导年轻农民工 形成合理的消费意识和观念，树立良好的消费观；第七，加快推进城乡户籍制度改革，增强新生代农民工的城市认同感；第八，加快消费信贷市场发展，减轻新生代农民工的流动性约束。

杨琦

2021. 3

目　录

第1章

绪 论

1.1 研究背景和意义

近年来，在面对复杂多变的国内外经济和政治形势，承受经济下行的压力下，经济增长方式的转变是必然趋势。推动经济发展的“三驾马车”中，国内基础设施趋于饱和，企业投资回报率低，投资者缺乏投资热情，直接结果是国内投资增速下降明显，2018 年 1 ~7 月全国固定资产投资（不含农户）同比增长 5.5%，创下有数据以来最低值（国家统计局）；出口方面困难重重，我国最大的出口国美国自从特朗普上台以来奉行“美国优先”理念，对我国在经济上实行“打压政策”。加之 2020 年新冠肺炎爆发，美国第二季度经济大幅下滑，为保持其领先地位，对我国进行包括经济、科技等方面全方位的打压，国际贸易形势日益恶化，“逆全球化”风向初现端倪，以往依靠外贸出口为主拉动经济增长的模式已不可持续。

面对国外政经形势恶化和国内经济下行的双重压力，中国政府审时度势，在 2020 年 7 月 30 日提出了“国内大循环为主体，国际国内双循环的新发展格局”的构想①，该构想的主要依托就是消费的国内循环。从世界范围来看，西方发达国家的国内消费对经济增长的贡献率达 70% 甚至 80% 以上，对照之下，中国国内消费仍有不小的提升空间。如何在国内挖掘消费潜力，扩大不同消费群体的消费能力，是提振内需的重要途径与方向。

改革开放四十多年，中国经济年均增长 9.5%，国内生产总值从世界第 15

① 新华网．立足国内大循环、促进“双循环”，中国谋划新发展格局有何深意？［EB/OL］．http：//www.xinhuanet.com/politics/2020 ~08/04/c_1126325321.htm.

位迅速攀升到第2位，取得了举世瞩目的成绩。对中国经济贡献最大的是第二产业，其中，农民工作为制造业的主力军做出了不可磨灭的贡献。有学者对1985～2009年农民工从数量和劳动生产率两方面做出研究，发现农民工数量增加对总劳动生产率增长平均贡献率为19.96%，对总产出增长的平均贡献率为13.41%。农民工劳动生产率对总劳动生产率增长平均贡献率为17.60%，对总产出增长平均贡献率为16.58%①。我国产业工人有2亿人左右，其中超过80%集中在第二产业，第二产业中近80%集中在制造业和建筑业，60%集中在大中型企业，30%具有技术等级，农民工占60%左右。农民工在产业工人中占60%左右，约有1.2亿人，是中国产业工人的主要成分②。此外，还有数量巨大的农民工在城镇从事第三产业服务，目前全国共有农民工2.8亿人③。数量巨大的农民工背井离乡进入城市参与中国经济建设，农民工从长远来看必然会成为真正的市民，农民工必然会像城市居民一样工作、生活和消费。如何释放农民工这个巨大群体的消费潜力？农民工消费的特点是什么？农民工的消费会不会受到原有消费方式的影响？农民工的消费又会不会受到城市消费模式的影响？第一代农民工与新生代农民工受哪种影响更深？农民工在不同类型商品的消费中会受哪种影响？两代农民工消费方式有何不同？诸如此类的疑问促使我们想要对其进行深入的探究。一方面，由于曾长期生活在农村，收入水平并不高，农村保守、节俭、量入为出的生活方式在消费上体现出谨慎的行为。另一方面，农民工因生活需要长期在城市打工，城市里光怪陆离、五彩缤纷的繁华生活影响着农民工，他们也向往过着城里人的生活，也想像城里人一样进行消费。由于与城里人零距离接触，城里人也许是他们的上司、同事或者朋友，城里人的消费方式又时时刻刻在影响着他们，刺激着他们。特别是新生代农民工，他们的生活要比第一代农民工好得多，由于新农村建设、国家大力扶持农业、城乡差距缩小，即使是他们的家乡生活水平也逐渐向城市靠拢，有的更是年少便随父母在城市打工，他们几乎就在城市长大，只是偶尔或

---

① 杨晓军．农民工对经济增长贡献与成果分享［J］．中国人口科学，2012（6）：66－74.

② 中华工控网．《新时期产业工人队伍建设改革方案》发布［EB/OL］．http：//www.gkong.com/item/news/2017/06/91120.html.

③ 国家统计局．2017年农民工监测调查报告［EB/OL］．http：/www.stats.gov.cn/tjsj/zxfb/201804/t20180427_ 1596389.html.

过节返回家乡，他们受到城市消费的影响可能会更大。

传统的消费理论认为消费过程是不连续的，过去的消费信息对当期的消费没有任何影响，事实上无论从现实感受还是从理论上传统的消费理论都是不正确的，因而受到了研究者的批评。而消费的习惯形成理论则认为消费在时间上是不可分的，消费者的当期消费与前期消费是有密切联系的，就是所谓消费受到“习惯”影响，除此外，消费者还受到周边人群消费的影响。梳理过去国内学者的习惯形成研究成果，城镇居民和农村居民都有不少文献可查，但此方面对农民工的研究却几乎没有。本研究欲从习惯形成理论入手，考察农民工是否受自身以前消费的影响（内部习惯形成）和受城市居民消费的影响（外部习惯形成），从经济学的角度，在实证分析上找到科学的支撑。而新生代农民工的消费集中反映了我国经济转型、体制转轨、消费文化变革的一些特点。研究这一特殊群体，具有十分重要的意义。理论意义在于：第一，新生代农民工具有不同的特征，他们有独特的消费观念与消费行为，因此对这一群体消费行为的研究，有助于丰富消费经济学、消费社会学的理论。第二，有利于弥补对新生代农民工消费方面研究的不足，丰富有关农民工的一些理论。现实意义在于：其一，新生代农民工有着巨大的消费潜力，对这一群体消费的研究对挖掘内需有着十分重要的意义。其二，有助于建立一个稳定的劳动力市场，对于经济发展、社会和谐的国家具有极其重要的意义。其三，有助于了解新生代农民工的消费行为和消费方式存在的问题，并提出相应的对策建议，为引导新生代农民工群体树立健康向上、科学合理的消费方式提供参考。

1.2 研究内容、方法及创新

1.2.1 研究的思路

本书将遵循问题→理论→实证→对策这一整体研究思路，首先，对习惯形成理论的发展及研究成果进行回顾与评述，为后续研究提供理论和实证支撑，同时也为实证研究在变量选择、参数解释方面提供理论依据。其次，研究以习惯形成为理论建立跨期消费和消费结构分析理论模型。以理论模型为导向，选择合适的经济计量方法，利用微观面板数据对新生农民工消费行为进行实证研究。最后，在分析回归结果的基础上提出相应的对策与建议（见图 1 –1）。

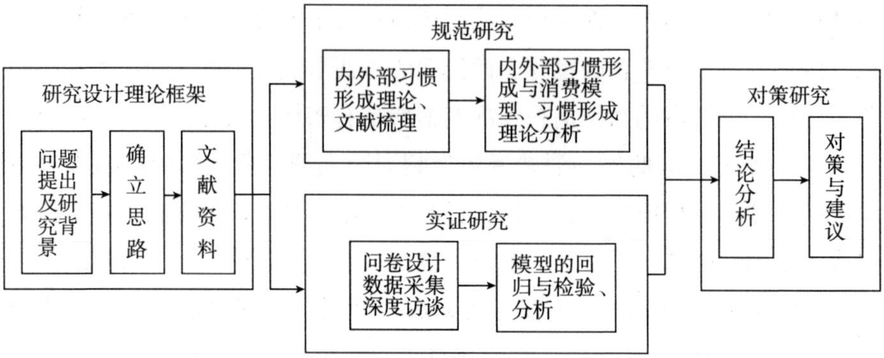

图 1 –1　研究的总体思路

1.2.2　研究的主要内容

本课题研究的内容主要包括以下几个方面：

1. 概念界定

内部习惯和外部习惯的概念界定和组群分析方法的介绍与应用。运用消费理论和社会学知识，界定作为本课题主要支撑知识的内、外部习惯的概念及特征。组群方法利用截面数据构建出“伪面板”数据。

2. 新生代农民工消费现状分析和个案访谈

新生代农民工在农村和城市之间奔波，受到家乡传统消费观念和城市消费的双重影响，应将新生代农民工的消费现状和特点描述出来。通过个案访谈，深入了解新生代农民工生活状况以及内心最真实的想法。

3. 习惯形成机制的分析

农民工消费的习惯形成是如何产生的？对于这个问题以往的文献均没有提及。本书将利用制度经济学中的演化博弈理论对此进行解释和分析。

4. 习惯形成纳入个人消费跨期最优化分析框架

将习惯形成纳入居民消费跨期最优化分析框架，得到一个包含习惯形成的居民消费最优化基础模型。然后选择其他控制变量，对新生代农民工消费总量面板数据进行实证研究，依此来考察习惯形成对新生代消费行为的影响。

5. 内部习惯形成、外部习惯形成及新生代农民工消费结构研究

将内部习惯形成、外部习惯形成引入传统 AIDS 需求系统分析框架，得到了一个包含内部习惯形成、外部习惯形成的 AIDS 需求系统模型，在此基础上使用新生代农民工各类消费支出的面板数据，重点考察他们各类消费支出的内部习惯形成以及城镇居民示范效应对新生代农民工消费行为的影响。

6. 新生代农民工合理消费的政策建议

针对新生代农民工消费上可能存在的不合理的现状或一些障碍，提出合理的政策或建议措施，以保证促进新生代农民工的消费能力，挖掘消费潜力。

遵循上面的内容，本书研究共分为 9 章：

第 1 章，绪论。引出研究背景，阐述研究的主要内容、研究思路、基本观点、研究方法以及创新点。

第 2 章，相关概念及文献综述。分为两部分：其一是新生代农民工的流动现状以及对其以消费为主的多角度研究状况；其二是主要的理论基础——习惯形成理论的国内外研究综述。

第 3 章，新生代农民工城市消费情况实地调查。根据项目组在 2016 年底～2017 年初的调查数据，分析了新生代农民工在进城前后的收入及消费情况。

第 4 章，组群分析和数据处理。首先对本书研究采用的主要研究方法——组群分析方法进行了介绍，组群一般表达式的推导以及其适用条件。其次是对第 5、第 6 章的计量模型所采用的数据处理进行了分析。

第 5 章，农民工消费习惯形成——分析框架。从制度的演化博弈理论出发，对农民工“消费习惯”这一制度是如何形成初步完成了一个分析框架。

第 6 章，内部和外部习惯形成与新生代农民工消费行为。主要观点有：总体样本的家庭消费没有内部习惯形成，但存在外部习惯形成。如将农民工划分成老一代农民工和新生代农民工，他们的家庭消费均没有内部习惯形成，但都存在外部习惯形成。

第 7 章，习惯形成效应与新生代农民工消费结构。主要观点有：新生代农民工消费行为更易受外部习惯形成影响，而老一代农民工相对较保守，更遵循自身消费消费习惯及内部习惯形成影响。

第 8 章，实地访谈农民工。分别对“80 后”和“90 后”的新生代农民工的两个样本进行实地访谈，了解他们在农村和城市的生活收支情况。

第9章，结论与政策建议。根据研究结果，对新生代农民工消费提出改进措施和政策建议。

1.2.3 本书研究基本观点

（1）内部习惯形成类似于谨慎动机，外部习惯形成类似于示范效应。内部习惯形成和外部习惯形成对个人消费是有影响的，或者有双重影响的叠加效应。

（2）新生代农民工的消费行为除了受内、外部习惯形成影响外，还受到诸多因素的影响。如个人、家庭、社会、地域等，但是各诸多因素对他们消费行为的影响是不同的，选择合适的控制变量有助于我们的实证分析更有说服力。

（3）要合理利用内、外部习惯形成。习惯形成对新生代农民工好的影响应发扬，不好的影响应该采取措施规避。

1.2.4 研究方法

本书采用定量研究和定性研究相结合的方法，对农民工进行问卷调查、数据收集和深度访谈基础上得到对农民工的消费状况的描述及访谈记录，并采用已公布的微观数据进行实证分析。

1. 文献法

通过收集、阅读有关消费经济学、消费社会学、消费心理学的研究文献，了解国内外关于消费的习惯形成理论和农民工研究的理论动态，为本书研究提供理论视角，总结先前研究者的研究成果及不足之处。

2. 问卷调查及深度访谈法

本书主要采用问卷调查法以及实地深度调研法。问卷设计包括农民工基本信息、收入、消费相关的各种信息，计划在东、中、西部地区部分省份调查1000～1500份问卷，得到能真实地反映新生代农民工在城市的消费状况的微观数据和信息。选择部分被调查者作为个案访谈的对象，以期能够深入了解典型新生代农民工的消费现状，消费心理和消费需求。

3. 利用政府网站或相关的经济信息网查询资料

通过网站下载公开的资料，或通过购买的方式得到本书研究所需的数据资料。如国家统计局网站、中经网、人大经济论坛等。

4. 数理模型及计量分析法

主要使用的模型是包含习惯形成的个人消费最优化模型，在此基础上扩展运用，应用 EViews 或 Stata 等软件等进行面板数据的回归分析影响新生代农民工消费的内外部习惯形成效应。

1.2.5　拟创新之处

（1）首次将习惯形成理论与农民工消费结合起来进行研究。

（2）采用微观数据做实证分析。已有的研究大多采用总量数据，但总量数据有它的内在缺陷，内生性问题难处理或容易放大习惯形成效应结果，利用微观数据能较好地处理这些问题。

（3）模型和数据的处理方式。习惯形成理论包括消费的滞后一阶，但现在的微观调研数据大都是横截面数据，无法进行动态回归。本书研究利用组群分析方法，构造出“伪面板”可克服这个难题。

（4）将内部和外部习惯同时纳入消费函数模型中，考察农民工是否受两种因素的影响。

（5）不仅对新生代农民工进行生命周期消费配置的研究，还要考察各类消费品中消费如何进行配置。比较系统、全面地研究习惯形成对新生代农民工消费的影响。

第2章

相关概念及文献综述

2.1 概念及多维度新生代农民工研究

2.1.1 新生代农民工相关概念

1. 新生代农民工定义

“农民工”一词最早于20世纪80年代中期首次提出，随后这一称谓逐渐被广泛使用。国家统计局给出的对农民工的官方定义是：指户籍仍在农村，在本地从事非农产业或外出从业6个月及以上的劳动者。

第一代农民工是20世纪80年代农村政策放活以后，一部分农民“洗脚上田”进厂务工，成了最早的一代农民工；随着经济快速发展、经济外向度大幅提高，20世纪80年代出生的农民外出打工，被称为第二代农民工。随后，农民工队伍中出现了20世纪90年代出生的农民工，他们称为第三代农民工。第二、第三代农民工统称为“新生代农民工”（王春光，2001）。政府层面注意到这个群体的标志是2009年12月31日国务院发布的“关于加大统筹城乡发展力度进一步夯实农村发展基础的若干意见”涉农指导文件中专门提出了“新生代农民工”这个名词，从此“新生代农民工”作为代表一个群体特有的称谓走进了国家的经济和社会生活中。

2017年，农民工总量达到28652万人，其中外出农民工为17185万人，本地农民工为11467万人。在外出农民工中，进城农民工为13710万人。1980年以后出生的新生代农民工逐渐成为农民工主体，占全国农民工总量的50.5%，老一代农民工占全国农民工总量的 49. 5%①。表 2 –1、表 2 –2 给出了 2017 年农民工地域分布及构成、输出地及输入地的区域分布。农民工年龄构成见表 2 –3,可见 40 岁以下农民工超过总数的一半，是农民工的主力军。

表 2 –1　　2017 年农民工地区分布及构成

按输出地分	外出农民工总量（万人）			构成（%）		
	外出农民工	跨省流动	省内流动	外出农民工	跨省流动	省内流动
合计	17185	7675	9510	100. 0	44. 7	55. 3
东部地区	4714	826	3888	100. 0	17. 5	82. 5
中部地区	6392	3918	2474	100. 0	61. 3	38. 7
西部地区	5470	2787	2683	100. 0	51. 0	49. 0
东北地区	609	144	465	100. 0	23. 6	76. 4

资料来源：国家统计局。

表 2 –2　　2016 ~ 2017 年输出地和输入地农民工的区域分布　　单位：万人

区域	2016 年	2017 年	增量（%）	增速（%）
按输出地分				
东部地区	10400	10430	30	0. 3
中部地区	9279	9450	171	1. 8
西部地区	7563	7814	251	3. 3
东北地区	929	958	29	3. 1
按输入地分				
东部地区	15960	15993	33	0. 2
中部地区	5746	5912	166	2. 9
西部地区	5484	5754	270	4. 9
东北地区	904	914	10	1. 1
其他地区	77	79	2	2. 6

注：其他地区指中国香港、澳门特别行政区、中国台湾地区及国外。

资料来源：国家统计局。

① 国家统计局 . 2017 年农民工检测调查报告 [EB/OL]. http://www.stats.gov.cn/tjsj/zxfb/201804/t20180427_1596389.html.

表 2-3　　2013～2017 年农民工年龄结构　　单位:%

年龄	2013 年	2014 年	2015 年	2016 年	2017 年
16～20 岁	4.7	3.5	3.7	3.3	2.6
21～30 岁	30.8	30.2	29.2	28.6	27.3
31～40 岁	22.9	22.8	22.3	22.0	22.5
41～50 岁	26.4	26.4	26.9	27.0	26.3
50 岁以上	15.2	17.1	17.9	19.1	21.3

资料来源：国家统计局。

2. 新生代农民工的特征

新生代农民工与他们的父辈相比，由于成长环境、教育状况、文化因素及经济大环境的影响，在文化素质、思想观念、价值标准、城市认同感及人生态度等方面都有着明显的区别，学者唐仁健就颇为深刻地指出："千万不要以为现在拖着拉杆箱来的和当年扛着蛇皮袋来的还是一种人"①。杨琦（2011）比较了两代农民工的特点，主要体现在：乡土情结淡薄；文化程度较高；向往城市生活；生活方式与城市市民较接近，追求生活质量；期望留在城市等。具体如表 2-4 所示。

表 2-4　　新老两代农民工特点的比较

比较的特征	第一代农民工	新生代农民工
成长的家庭、社会环境	多子女家庭，改革开放前	独生或少子女家庭，改革开放后
乡土情结	强烈	淡薄
吃苦耐劳精神	很强	较弱
文化程度及技能	小学和初中文化为主	初中及以上，掌握一定劳动技能
打工的主要目的	养活整个家庭，生存为主	主要为自己，追求生活质量
对城市的认同感	较弱，以同乡为主要交往对象	较强，向往城市生活和融入城市
生活方式	与传统农民接近	与现代市民接近
职业期望及定位	期望低，能比农活挣钱多即可	向往体面的工作，或对将来在城市生存有帮助的工作

① 唐仁建．目前中国"新生代农民工"大约有 1 亿人．中国新闻网［EB/OL］．http：//www.chinanews.com.cn/cj/cj～gncj/news/2010/02-01/2102110.shtml.

续表

比较的特征	第一代农民工	新生代农民工
对未来的期望	大多数年龄大后返回农村	不愿返乡务农，愿意留在城市
对各种保障和权利的诉求	无知、漠视、不敢要求	了解、看重、意识在觉醒

资料来源：杨琦，李玲玲．新生代农民工的劳动供给与经济增长方式的转变［J］．中国人口科学，2011（1）：45－53。

3. 新生代农民工其他角度的研究

自从新生代农民工的概念出现以来，许多学者对这个群体从不同角度进行了研究，具体体现在以下几方面。

（1）社会学角度。从社会认同感方面：王春光（2001）认为，新生代农村流动人口表现出不同的社会认同。新生代农村流动人口对制度性身份的认可在减弱，但是社会仍然把新生代农村流动人口视为农民，与周围社会形成明显的社会界线。并且，新生代农村流动人口在流入地社会也没有确立社会归属意识，虽然他们中有一些人开始试着去认同流入地社会。此外，新生代农村流动人口对家乡的乡土认同在减弱。新生代农村流动人口的社会认同趋向不明确和不稳定，在社会经济不景气的情况下，他们将很有可能演变为“游民”。如果我国不能对城乡二元社会结构进行实质性改革，那么他们的社会认同会趋向“内卷化”的建构，结果就是他们产生边缘化意识，重归主流社会的步伐会受到障碍。所以必须加快城乡社会结构变革，使他们成为城镇社会新的居民，这才符合我国城市化发展趋势。简新华（2011）认为，新生代农民工融入城市面临制度、观念等五大障碍。要使新生代农民工融入城市，必须创新制度，改革户籍、社会保障等二元制度，筹集市民化的资金，建立和健全相关法律规定，提高新生代农民工素质，转变观念等。

从市民化程度方面：刘传江和程建林（2008）对农民工市民化过程进行量化，构建了农民工市民化进程测度指标体系，结合 2005 年调查数据测算的结果显示，新生代农民工处于中市民化阶段。为了加快第二代农民工市民化进程，提出必须进行户籍制度、土地流转、劳动力市场制度及社会保障制度等方面的制度创新。李伟东（2009）认为，在心理和精神层面上，新生代农民工很接近城市文明，但是因为制度设置的欠缺，他们被排除在城市社会生活之外；同时，城市也缺乏对农民工有针对性的宣传、教育，这使农民工们对与自己利益有关的法律、法规的了解和认识不够，无法较好地保护自己的权益。赵建国和周德水（2018）运用“流动人口动态监测调查”数据，将城市接纳和个人心理认同作为城市融入的两个维度，实证检验了养老保险和定居期望对新生代农民工城市融入的影响。研究发现，全样本中，养老保险和定居期望都显著促进了新生代流动人口的城市融入。分样本中，在打工地拥有养老保险显著促进了新生代农民工的城市融入，但对新生代城镇籍流动人口的影响不显著。通过养老保险与定居期望交互发现，养老保险强化了城市定居对新生代农民工个人心理认同融入的正向影响。

（2）人力资本角度。王美艳（2005）的研究指出，外来劳动力与城市本地劳动力工资差异的43%是由歧视因素造成的，而人力资本差异因素解释了这一工资差异的57%。邓曲恒（2007）利用2002年城镇户和暂住户的调查数据，对两者之间的工资收入差异用 Oaxaca - Blinder 方法进行了分解，结果显示，60%的城镇户和流动户收入差异可用歧视来解释，特别是在中低收入人群中尤其更甚。

罗恩立（2010）提出，基于微观个体、中观环境及宏观需求与政策因素三者互动的分析新生代农民工就业能力的理论框架，指出作为微观个体，新生代农民工总体上缺乏职业技能与工作搜寻途径，从中观环境看，新生代农民工在家庭、工作环境、资本和社会网络等支持上较弱，影响就业能力提升和向上职业流动，此外，存在的城乡分割的二元经济社会体制使新生代农民工在就业市场处于弱势地位。因此，要从微观、中观和宏观这三方面给予政策干预，以提升新生代农民工的就业能力。罗瑞荣等（2011）从新生代农民工的原生型和外生型特征分析框架出发，探讨了新生代农民工所面临的内生困境与外生困境两种职业困境，并从二元城乡管理制度、后续培训教育和产业结构升级等方面提出，改进新生代农民工状况，促进中国经济、产业健康发展。

罗锋等（2011）利用珠江三角洲 961 个新生代农民工的调查数据，采用扩展的 Mincer 工资方程对新生代的非农收入影响因素进行了研究，结果表明：新生代农民工非农收入受培训影响最大，每接受 1 个月以上的培训，收入会增长 11.2%；其次是工作经验，每增加 1 年工作经验，收入会增长 8.9%；再次是受教育年限，每增加 1 年的正规教育，仅使其收入增长 2.1%。

杨琦（2011）认为，新生代农民工的“人的经济价值”比起第一代农民工有所提高，新生代农民工的人力资本的提升促进了经济增长，但也使其劳动力成本增加，倒逼粗放式的经济增长模式进行转变，相关经济与政治法律制度也要进行相应的调整。

（3）心理管控角度。李晓东等（2013）以安徽省 442 名新生代农民工为研究对象，围绕幸福感、孤独感、自卑心理等方面的心理现状进行研究，并对其原因进行分析。文章从加强职业教育培训、改革现行户籍制度、注重人文情感关怀、消除城乡对立壁垒、加强心理调适机制五个方面探讨新生代农民工心理疏导机制的建立。

袁靖华（2015）调查了新生代农民工在当地人际交往中的情绪心理。研究发现，亲密的人际关系对他们的情绪心理健康最具重要性，但实际可依赖的倾诉渠道比较有限。此外，还测量了交往中潜在的情绪心理危机程度，深入挖掘了造成人际交往的内隐性情绪心理问题的主要诱因，建立了有关外部行为的预测指标，探索疏导这一青年群体在人际交往中所存在的情绪问题，以帮助他们提高人际关系的品质，有效预防情绪心理危机。

罗竖元（2018）通过对福建、湖南与贵州三省 1735 名新生代农民工调查数据分析发现：滋生自杀意念是新生代农民工心理危机的重要表现，而先赋性社会网络与自致性社会网络能为防止自杀行为提供保护。研究认为，引导新生代农民工实现社会网络结构从“先赋性社会网络”到“自致性社会网络”的转换，并通过加快新生代农民工的市民化进程与其市民身份认同的“同步性”，消除两者之间的结构性张力，是有效遏制其滋生自杀意念的重要途径。

（4）权益保障角度。在就业权益方面，应当进一步通过国家政策来约束针对农民工群体的就业歧视行为。加强新生代农民工社会资本的引导（黄晓燕，2016）。在薪酬权益方面，新生代农民工面临的困境既有自身人力资本不足的因素，也存在先天身份歧视和外部环境的负效用影响。可从微观层面逐渐过渡到宏观层面对新生代农民工的薪酬权益进行保障，通过事前预防和事后救济两个环节，对农民工工资增长机制、构建集体谈判为导向的有效工会、引入用人单位惩罚性赔偿金等方面形成具体制度架构，最终形成宏观保障理念（王一帆，2015）。虽然新生代农民工同老一代农民工相比具有更为优良的就业保障能力（黄晓燕，2016），但在发展转轨、社会转型的背景下，新生代农民工们面临着保障权益的缺失和现实的生存困境。应逐步消除新生代农民工与城镇职工的差异，营造平衡和谐的社会经济环境，逐步建立公平就业、平等教育体系，合理分配经济资源（冯果等，2014）。

2.1.2 农民工消费研究综述

1. 消费观念

新生代农民工往返于城市与农村之间，受到两种生活方式的影响，形成了有自身特点的消费观念，表现在物质消费、精神文化消费和超前消费三方面，自我因素和市民化因素是引起消费观念变化的深层次原因。这种消费观念的变化将会加速农民工市民化，带动家庭生活，促进城乡一体化（肖伟等，2008）。新生代农民工主动接受城市化的过程，其消费观念更多受到城市居民的影响，更多关注精神需求的满足，有了超前消费观念（冷雄辉等，2012）。新生代农民工的消费观念较老一代的农民工有了很大变化，老一代农民工消费观念会比较传统，购买商品时最看重商品的实用性，因而他们经常购买物美价廉的商品。而新生代农民工更看重的是是否时尚、是否有档次。具体地，在服饰消费上，价格已不是考虑的主要因素，而最看重的是“品牌与知名度”和“款式”。新生代农民工业已经有了超前消费意识，发现商品价格超过了自己的预算，也有部分人选择“咬牙买下”（李厚梅，2011）。

2. 消费方式

早在对新生代农民工进行专门研究之前，就有人发现农民工的消费已在进行升级，一项对“长三角”农民工的研究就发现，他们的消费方式正在悄然转型，消费结构正从简单转向复杂、消费工具正从传统转向现代、消费行为正从保守转向开放、消费心理正从后卫转向前卫（严翅君，2007）。新生代农民工积极融入城市生活，消费有一定的品牌意识，但能保持理性消费。在闲暇时间也会去网吧、卡拉 OK、迪厅等场所，在电子产品设备上也保持一定的拥有比例（王艳华，2007）。追求个性和时尚以及档次的意识也在提高（冷雄辉等，2012）。新生代农民工在娱乐、教育等方面的消费方式越来越城市化，与城市同龄群体的娱乐方式渐趋一致。衣着消费已经从追求实用转到追求品质，更加注重衣着的档次、品牌，衣着消费品牌化、时尚化的趋势日益突出，越来越接近于城市同龄群体，具有享受性消费和炫耀性消费的特征。在教育、娱乐等方面有着较强的消费意识，大部分新生代农民工都愿意自费参加技能培训，认为技能培训可以帮助其获得更好的就业机会。大多数新生代农民工认为子女将来会留在城市，他们希望通过增加子女教育投资，让子女有更好的学习环境，将来能够留在城市工作和生活（王梦怡等，2014）。孙超骥等（2010）也发现，新生代农民工具有较高的消费倾向及品牌意识。其中租房、饮食、通信费用所占的比例较大。几乎所有的新生代农民工都拥有手机或小灵通，通信费用占月消费总量的比例相当高。服装消费方面，女孩消费比例比男孩高，而在应酬方面男孩的消费比女孩高。业余娱乐的花费占消费比例偏低，因为新生代农民工的工作时间较长，娱乐以休息为主，有些娱乐活动花销较大又消费不起。大部分新生代农民工有进一步学习和技能培训消费方面的要求。医疗方面，由于新生代农民工大多处于青壮年，身体状态较好，去医院花销不大。

3. 消费结构

新生代农民工消费结构较为多元化，娱乐休闲方面的消费占据较大比重。除了最基本的生活消费外，新生代农民工还有其他如住房、学习、通信、娱乐等方面的消费。具体来看，基本生活消费占据比例较高，由于大部分新生代农民工住公司宿舍，住房消费支出也不是很高。从耐用消费品上来看，新生代农民工基本都有手机、电脑等电子消费品（冷雄辉等，2012）。但在住房消费上，女性花费更高，这是因为男性农民工多住在集体宿舍，而女性更常见的是租房居住（李厚梅，2011）。因处于青年时期，健康状况较好，新生代农民工医疗消费所占比重不大（王梦怡等，2014）。

4. 两代农民工消费比较

新生代农民工与第一代农民工不同，消费更多地呈现多元化。虽然收入水平稍低于第一代农民工，但其消费水平却相对较高。第一代农民工消费属于“必需消费”，而新生代农民工除了日常的必须花费外，还会购买化妆品和娱乐（闻英，2011）。新生代农民工在衣着、通信、娱乐和人情方面都有所消费，生活方式已经转变为“经济型 + 生活型”（唐有财，2009）。除了娱乐开支已经成为部分新生代农民工日常消费的重要内容外，用于自我能力提升和人际网络构建的消费比重攀升（吴祁，2012）。两代农民工相比较，住宿和伙食差异不明显，但是在生活日用品、服装、交通、通信、文化娱乐和请客送礼方面，新生代农民工则要比老一代农民工高（刘林平等，2013）。

5. “炫耀式”消费

1964年，美国学者凡勃伦指出了“炫耀性消费”现象，认为“购买商品的目的不仅仅是为了获得直接物质满足与享受，而更是为了获得心理上的一种满足”，他具体分析了有闲阶级进行炫耀式消费的目的是：一方面，划清同其他阶层的界限、确保自身的身份等级；另一方面，加强本阶层成员的认同感①。新生代农民工存在明显的“炫耀性消费”现象，尤其是他们回乡后的消费能力令人吃惊，其消费行为更多地体现了炫耀性的特征（汪佳佳，2013）。虽然新生代农民工的炫耀性消费仍然层次较低，但是由于他们生活在物质资源相对匮乏的农村，因此这种消费的炫耀性就显得格外突出（梁彩花等，2010）。新生代农民工群体中出现炫耀性消费现象的目的在于实现对其社会认同的重新建构。这种炫耀性消费悖反于新生代农民工的群体特征，但通过畸形的炫耀性消费行为获得新的社会认同，借此融入城市社会生活（金晓彤等，2013；金晓彤等，2017a）。“炫耀式消费”的深层次根源在于城乡分立的户籍制度，由于新生代农民工兼具城市人和农村人的双重身份，在这种身份二元性的影响下，新生代农民工更希望建构自身的城市人身份认同以融入城市社会，由此激发出新生代农民工更加强烈的身份重构动机。特别是在返乡过程中，基于身份重构动机，新生代农民工渴望摆脱农村人身份，展示自身的城市人身份，因此更倾向于通过高可见性的消费品来炫耀自身的社会地位，构建城市人身份认同（金晓彤等，2017b）。

6. 消费影响因素

冷雄辉等（2012）认为，影响新生代农民工消费行为的因素有以下方面：（1）个体自我因素。新生代农民工有更现代的消费观念，更多关注精神方面的追求和享受。（2）来自家庭的影响。随着家庭经济状况的好转，新生代农民工作为家庭的子女自然有了更多的消费欲望。（3）城市化的影响。新生代农民工向往城市生活，能更快接受新事物，消费观念逐渐向城市居民靠拢。（4）参照群体的影响。周围朋友、同学和城市里的同龄人都对新生代农民工消费观念和行为产生影响。（5）大众传媒的影响。媒介中电视和互联网影响

① ［美］凡勃伦．有闲阶级论——关于制度的经济研究［M］．蔡受百译．北京：商务印书馆，1964.

最大，其中又以广告的影响效应最明显。倪建伟（2015）的研究表明，影响新生代农民工消费的各因素的贡献率依次为消费预期、消费观念、消费能力和消费环境。杨潇等（2016）考察了对新生代农民工人力资本积累有益的发展型消费项目（学习消费、人情消费），研究结果显示，收入水平、子女数量、学历水平对人情消费具有显著正向影响，被试类型、学历水平、母亲学历、收入水平及性别因素对学习消费具有显著作用。

2.2　习惯形成理论综述

2.2.1　国外研究综述

国外对消费函数的研究自 20 世纪 30 年代开始，大致经历了三个阶段，它们的代表理论分别是凯恩斯（Keynes，1936）的绝对收入假说和杜森贝利（Duesenberry，1949）的相对收入假说（AIH/RIH）、莫迪利安尼和安多（Modiglianni & Ando，1963）的生命周期假说和弗里德曼（Friedman，1957）的持久收入假说（LCH/PIH），及霍尔（Hall，1978）将理性预期引入 LCH/PIH 并提出的理性预期生命周期假说（RELCH）。AIH/RIH 描述消费与收入之间的关系，认为前消费主要依赖于当前收入，没有考虑过去和未来的情况，且缺乏微观经济基础。LCH/PIH 提出消费函数必须建立在消费者效用最大化基础上，将消费的即期决策推广到跨期决策，它认为当期收入只是决定当前消费的因素之一，预期和财富也是影响因素。RELCH 是研究在不确定的情况下，把理性预期方法论应用到生命周期假说和永久收入假说之中。在理性预期的基础上，收入或过去的消费信息对当期的消费没有任何影响，消费应当近似为一个随机游走（random - walk）过程。

实际上，基于上述理论的实证研究并没有真正反映消费者的实际情况，如消费者的不理性、短视等。为此，西方学者对消费理论进行了各种改进，如流动性约束模型、预防性储蓄模型等。进入 20 世纪 80 年代，发展出了各种消费习惯模型。

杜森贝利（1949）提出的相对收入假说可以说是习惯形成理论最早的理论渊源。在相对收入假说中，人们一旦形成消费习惯，短时间内是很难改变的，因此消费不仅与当期收入有关，还与过去消费有关。由于消费的惯性，消费不会随收入的增加马上增加，也不会随收入的减少而即刻减少。在传统的个体消费的效用函数中，时间是可分的（time separable），这意味着当期消费与过去的消费无关。虽然这种效用函数比较简洁而得到广泛应用，但并不符合经现实经济生活。因此，对其改进的一个做法就是引入习惯形成（habit formation），习惯形成的效用函数在时间上是不可分的，即个体消费者的效用不仅取决于当期消费，而且取决于过去消费形成的消费习惯。包含习惯形成的模型可以更好地反映现实经济。正如瑞德和希尔（Ryder and Heal，1973）所言："从一个既定量消费品组合中获得的效用不仅取决于这一组消费品的数量，而且还取决于他过去的消费以及其周围的社会环境。"最早将习惯形成因子纳入效用函数的是瑞德和希尔（1973），表达式是 $u(c,h)$ 。其中 $u(\cdot)$ 表示效用函数，c 为消费，h 为消费习惯（等于各期消费的加权平均）。习惯形成效用函数中，若 h 越大，则效用水平越低。标准的习惯形成框架为：$\min\int_{0}^{+\infty}u(c,h)e^{-\rho t}\mathrm{d}t$ ，其中，ρ 为时间偏好率（rate of time preference），$u_c(c,h)>0$ ，消费越多，则效用水平越高；$u_h(c,h)\leqslant 0$ ，习惯存量越大，则效用水平越低。而阿贝尔（1990）则首次提出了同时包含内部习惯形成和外部习惯形成的效用函数。因为习惯形成理论更加符合现实情况，自 20 世纪 80 年代以来越来，越受到经济学界的重视。

1. 习惯形成理论的运用

（1）高增长与高储蓄。当经济快速增长时，居民的收入会增加，消费者应该会增加消费而非增加储蓄，但一些国家特别是东亚国家的居民在经济快速增长时却提高了储蓄率，这是一个令人费解的困惑，因为在 RELCH 看来，理性消费者应该理性地认为将来会更加富裕，从而调整自己的消费决策，选择减少储蓄增加消费支出。霍撒克（Houthakker，1961）和莫迪利安尼（Modigliani，1970）就曾提出了高增长与高储蓄并存的观点。卡罗尔等（Carroll et al.，2000）利用习惯形成理论解释了此现象：消费的习惯形成具有杜森贝利（1949）所说的"棘轮效应"，即消费达到一定水平上后，很难容忍消费水平的降低，"由俭入奢易，由奢入俭难"，也更厌恶风险，习惯形成类似于谨慎行为（Deaton，1992）。在一生财富既定的情况下，当期消费多就意味着将来消费会减少，为保证生活水平不下降以及外部冲击带来对收入的影响，理性消费者将会降低当前的消费倾向，从而平滑其一生的消费。此外，消费者所处环境对消费者的消费决策也会带来影响，一方面是外界消费的“示范效应”会促使消费者增加消费，不至于落后于周围其他人的消费，即要“赶上邻居”（catching up with Joneses）（阿贝尔，1990）。但是社会生活水准的提高会促使家庭将来消费的增加，前瞻消费者会减少当前消费和增加储蓄来应对将来的风险和落后他人消费水平的担心。“棘轮效应”和“示范效应”就是通常说的内部习惯形成和外部习惯形成。迪顿（1997）、阿尔瓦雷斯·库德拉多等（Alvarez-Cuadrado et al.，2004）的研究也得到同样的结论。赛金（Seckin，1999）进一步研究发现，习惯形成参数大小与储蓄行为呈正向关系。

（2）消费的过度敏感性和过度平滑性。20世纪90年代习惯形成理论越来越受到主流经济学家的重视，其原因之一就是在REPIH框架下如消费过度敏感（excess sensitivity）和消费过度平滑（excess smoothness）等一些问题无法得到合理解释（迪顿，1992；赛金，2000）。

根据REPIH，消费遵循随机游走，意味着消费的变化无法预测，消费不受未来收入不确定性的影响。消费的过度敏感性与随机游走概念相关，即本期消费只与前期消费相关，而与其他任何变量无关。而消费增长小于收入增长的波动，总量消费的方差比收入的方差更小，被称为消费的过度平滑性。然而，REPIH与现实并不符合，后来大量实证研究结果表明，消费既存在过度敏感性，又存在过度平滑性。一些学者利用习惯形成理论合理地解释了这些问题。

卡罗尔和韦尔（Carroll & Weil，1994）认为，随时间变化的消费行为研究中纳入习惯形成的假设是十分有必要的。迪顿（1992）、梅吉尔和韦伯（Meghir & Weber，1996）、卡罗尔等（2000）的研究表明，若消费者存在习惯形成，当持久收入变化时家庭消费的调整是缓慢的，消费与前期收入必然相关。此外，当出现外部冲击收入时，消费不可能有大的变化，消费的波动幅度会小于收入的波动幅度。鲍德林等（Boldrin et al.，2001）在习惯形成框架下，利用欧拉方程构建包含当期消费增长、过去消费增长以及预期消费增长等因素，研究结果表明，消费增长与收入增长高度相关，表明消费存在过度敏感性。帕加诺（Pagano，2004）同样认为，若消费者存在习惯形成，个体消费者会缓慢调整收入的冲击下的消费，如果调整过快反而会形成较高的习惯形成，影响未来消费水平。菲勒（Fuhrer, 2000）分别考察了不存在和存在习惯形成的情形，研究发现，消费者若不存在习惯形成，消费会在收入的冲击下迅速增加，然后逐步减少。消费者若存在习惯形成，习惯形成的力量越强，个体消费者平滑消费的意愿越强烈，收入冲击下的消费越平缓。

（3）完善预防性储蓄理论。居民的储蓄率为什么会攀升？有人认为是与不确定性有关，利用预防性储蓄理论来分析不确定性对消费或储蓄的影响，如迪顿（1991）和卡罗尔（1992, 1997）提出的缓冲储备（buffer - stock）储蓄理论：在存在流动性约束的情况下，消费者只能通过积累一定的财富来抵御风险，当实际财富未到达抵御风险的目标时，理性消费者将会减少消费、增加储蓄，预防性储蓄的动机会占主导地位。而当实际财富超过目标时，消费者会增加消费、减少储蓄。但该理论并没有考虑习惯形成，有的学者曾指出，习惯形成下的消费行为类似于谨慎导致的消费行为（迪顿，1992），所以习惯形成有着可能会降低预防性储蓄的作用。在此思路上，有的研究者在他们对预防性储蓄理论研究的基础上加入了习惯形成因素。如阿雷斯和卢萨尔迪（Alessie & Lusardi, 1997）、瓜里利亚和罗西（Guariglia & Rossi, 2002）、缪尔鲍尔（Muellbauer, 1988）、戴南（Dynan, 2000）、阿雷斯和特帕（Alessie & Teppa, 2010）、迪亚兹等（Diaz et al. , 2003）等在考察不同国家的储蓄行为中也发现了习惯形成效应的存在。

进一步地，赛金（1999）、卡罗尔等（2000）的研究证明，习惯形成的参数越大，消费者的储蓄意识就越强烈。当然，也有研究给出了相反的结论，认为消费者习惯形成的存在反而使谨慎性储蓄减少。如史密斯（Smith, 2002）认为，由于习惯形成的影响，使消费波动的方差减小，使得谨慎性储蓄减少。安吉利尼（Angelini, 2009）的研究发现，在习惯形成框架下，家庭消费更少，非谨慎性储蓄增加，谨慎性储蓄减少，习惯形成对谨慎性储蓄有反向作用。

习惯形成导致较高的储蓄率的原因在于：在包含习惯形成的框架下，习惯形成可被理解为消费具有刚性，消费者不希望消费比以前更低，同时也不能落后于其所处的社会平均生活水平，因为这样会给消费者带来负效应。在一生财富既定的前提下，当期消费更多就意味着将来消费更少，所以理性消费者会注重一生的平滑消费，会适当降低当期的消费，进行更多的储蓄，从而持有更多的资产。谨慎性储蓄受习惯形成的影响程度主要取决于习惯形成的可持续性

(persistent)，持续性越强，谨慎性储蓄就越高，因为在既定的消费变动情况下，习惯的持续性越强，代表习惯存量就越高，谨慎性储蓄就越多。

2. 习惯形成消费模型及求解

消费习惯形成模型的形成大致经历了两个阶段：第一个阶段主要是以需求系统模型为主，里面又有线性与非线性模型之分。前者如 LES（线性支出系统）、ELES（扩展线性支出系统）等线性需求系统模型。波拉克（Pollak，1970）首先在 LES 中纳入了内部习惯形成，此后，波拉克（1976）又在 LES 中讨论了偏好相互依赖（外部习惯形成）。后者如 QES（二次支出系统）、AIDS（几乎理想需求系统）等非线性需求系统模型。布兰奇福蒂和格林（Blanciforti & Green，1983）首先在 AIDS 中纳入内部习惯形成，林（Hayashi，1985）利用 QES 模型的研究发现习惯形成效应存在日本家庭的消费中。海恩和达勒姆（Heien & Durham，1991）利用家庭级 BLS 数据，以 QES 模型为基础，分别在横截面数据和时间序列数据中都发现了习惯形成效应，虽然在前者中的习惯形成效应要明显小于在后者中的习惯形成效应。阿雷斯和卡普泰恩（Alessie & Kapteyn，1991）则将人口效应、内部习惯形成和偏好相互依赖放在 AIDS 中。需求系统模型的优点是比较简单，还可以估计各类消费品的弹性系数，但缺点是这类模型的习惯因素是直接加入滞后的消费变量中的。

第二个阶段的习惯形成理论大多在 REPIH 框架下进行研究，目前已经是习惯形成研究的主流。根据时间顺序，大致有以下几种模型：一是早期消费习惯形成模型，其效用函数是当前消费与习惯水平之差的函数，即 $u(c_t, h_t) = v(c_t - h_t)$，其中 h_t 是前一期消费的函数，代表习惯水平大小。缺点是不能显示人们的预防性储蓄动机。二是相对风险厌恶效用函数（CRRA）消费习惯形成模型。效用函数表达式为 $u(c, x) = \frac{[c(t) - x(t)]^{\gamma}}{\gamma}$，其中，$c(t)$ 为当期消费，γ 为风险厌恶系数，$x(t)$ 为消费习惯形成水平大小，是由康斯坦丁尼德斯（Constantinides，1990）最早提出来的，并将个人财富与习惯形成水平相结合求出个人最优消费。奈克和摩尔（Naik & Moore，1996）在康斯坦丁尼德斯（1990）研究的基础上将 $x(t)$ 简化为 $x_{it} = \eta_{i0} + \eta_{i1} c_{it-1}$，证实了消费习惯形成的存在。但戴南（2000）根据奈克和摩尔（1996）的模型的实证结果是家庭消费没有发现习惯形成效应。阿雷斯和卢萨尔迪（1997）以及瓜里利亚和罗西（2002）进一步将不确定性因素纳入模型中，并推导出了消费和储蓄的封闭解（closed - form solution），发现消费的习惯形成的存在。三是 REPIH 框架下的消费习惯形成模型。缪尔鲍尔（1988）、费尔森和康斯坦丁尼德斯（Ferson & Constatinides，1991）等的研究逐步完善了该模型。它对消费过度平滑和过度敏感能够进行合理解释。设消费者的目标为 $\max E_t \sum_{i=0}^{\infty} \frac{1}{(1+\sigma)^i} u(\bar{c}_{t+1})$ ，其中，$\bar{c}_t = c_t^F - bH_t$ ，c_t 是当期消费，c_t^F 是当期的服务流，H_t 是消费习惯水平，$\bar{c}_t$ 代表相对消费。后面的许多研究都是在此模型上衍生而成的。四是内外部习惯形成模型，它是由阿贝尔（1990）提出的。该模型思路如下：最大化效用函数 $U_t = \sum_{j=0}^{\infty} \beta^j u(c_{t+j}, v_{t+j})$ ，其中 v_{t+j} 是偏好参数，$v_t = [c_{t-1}^D C_{t-1}^D]^{\gamma}$ ，且 $\gamma, D \geqslant 0$，其中 c_{t-1} 是消费者自己的消费滞后项，而 C_{t-1} 是人均消费总量的滞后项。如果 $\gamma = 0$ ，则 $v_t \equiv 1$ ，上式中的效用函数是时间可分的。如果 $\gamma > 0, D = 0$ ，则参数 v_t 仅取决于人均总消费的滞后水平，这个方程就是相对消费模式或“追赶邻居琼斯”，即外部习惯形成模型。如果 $\gamma > 0, D = 1$ ，则参数 v_t 仅取决于消费者自己的过去消费，即内部习惯形成模型。在实证研究中，消费究竟是否存在内部或外部习惯形成看法并不一致。

习惯效应的解法主要有两种：一种是欧拉方程法，它是利用一个代表性消费者在求其效用最大化时得出一阶条件从而估计出偏好参数，但该方法对于区分习惯和其他形式的持续性时无能为力。该方法的典型实证研究是戴南（2000）利用美国家庭食物支出数据，从一个习惯形成模型中估计出对数线性欧拉方程的一阶条件，研究表明没有形成习惯的证据。另一种方法是利用常相对风险厌恶效用函数（CRRA）和常绝对风险厌恶效用函数（CARA）在跨期效用最大化条件下的求解。前者难以求出消费对不确定性的封闭解，通常用求其数值解或近似解（如对数线性欧拉方程）来替代。后者能得出精确的封闭解，但它的缺陷是假定不同收入的人群的预防性储蓄动机在一个水平上，且不排除负的消费水平。阿雷斯和卢萨尔迪（1997）、瓜里利亚和罗西（2002）的模型利用 CARA 效用函数得到包含习惯形成的模型的消费和储蓄的封闭解，但他们的模型是建立在无限期的个人最优化基础上的，与生命周期理论不相符，安吉利尼（2009）在阿雷斯和卢萨尔迪（1997）、瓜里利亚和罗西（2002）的基础上进行了改进，在 CARA 偏好的生命周期模型中纳入个人最优消费决策，推出最优消费的封闭解，证实了家庭消费中存在习惯形成效应。

3. 总量数据与微观数据

（1）总量数据。由于宏观数据的比较容易取得，早期的习惯形成研究多是基于总量数据展开的，但结论并不一致。如邓恩和辛格尔顿（Dunn & Singleton，1986）、缪尔鲍尔（1988）、艾兴鲍姆等（Eichenbaum et al.，1988）、希顿（Heaton，1993）各自利用美国季度和月度总量消费数据进行研究，得出美国居民消费不支持习惯形成的结论。

但是另一些研究却支持消费中存在着习惯形成，如费尔森和康斯坦丁尼德斯（1991）、布劳恩等（Braun et al.，1999）利用总量数据的研究分别发现美国和日本居民的消费中存在显著的习惯形成。坎贝尔和科克伦（Campbell & Cochrane，1999）指出，造成过度平滑消费的原因是消费习惯的存在，因为它的存在使消费调整了持久收入的冲击。以上研究之所以得出的结论不同，戴南（2000）的解释是因为研究者们使用了不同的模型、数据以及推导出的一阶条件差异性等问题的存在。

总量数据为早期的习惯形成研究奠定了数据基础，但是，总量数据存在若干缺陷，比如，无法区分耐用消费品和非耐用消费品，尤其是对早期研究中经常使用到的食品等非耐用消费品的验证结论往往是片面甚至错误的；综合掉了不同消费的消费行为的波动；将不同特征的个体消费者同质化处理；无法处理的异质性问题放大了习惯效应（海恩和达勒姆，1991）等。而微观数据不仅样本量更大，而且能提供更多的信息，如人口学特征、家庭及个人消费偏好、现期与往期的食品消费是由习惯还是个体差异造成的，还能控制个体的异质性等，因此能更好地反映家庭层面经济的客观事实，所以越来越多的学者倾向于使用微观数据进行研究。海恩和达勒姆（1991）最先在使用微观数据方面进行了尝试，他们使用美国家庭层面的 BLS（劳动统计局）追踪面板数据来对习惯假设进行了检验。

（2）微观数据。奈克和摩尔（1996）利用美国 PSID（收入动态追踪调查）对食品消费的习惯形成进行了检验，结果显示，在控制异质性的情况下，食品消费中仍存在习惯形成效应。梅吉尔和韦伯（1996）利用 12 年的美国 CEX（消费者支出调查）数据研究了在偏好随时间不可分割（由于习惯或非物质耐久性）的条件下使用跨期欧拉条件来研究流动性约束的存在与否，结论是一阶条件的估计结果并不表明存在流动性限制，但年轻家庭可能例外。戴南（2000）利用美国 PSID 家庭层面数据测试习惯形成的存在，结果发现没有产生习惯形成的证据。

瓜里利亚和罗西（2002）在韦尔（Weil，1993）的基于混合非期望效用偏好模型中加入习惯形成因子，并使用这个模型推导出一个欧拉方程，使用 BHPS（英国家庭面板调查）1992～1997 年期间的数据来估算欧拉方程。研究结果表明，劳动收入风险和过去的消费变化在决定当前的消费变化中起着重要作用。布朗宁和科拉多（Browning & Collado，2007）利用 ECPF（西班牙家庭消费支出调查）数据研究了跨期依赖的需求行为，结果证明，外出食品消费、酒精和烟草具有习惯形成效应，而服装和小型耐用物品呈现消费的耐久性。阿雷斯和特帕（2010）利用 1993～1998 年 DHS（荷兰家庭住户调查）数据研究了习惯形成在消费和储蓄中的作用。在阿雷斯和卢萨尔迪（1997）模型基础上，估计了一个基于其封闭形式的模型，认为它比欧拉方程更能体现关于习惯形成的信息，因此更为有效。研究结果显示了习惯效应的存在。卡拉斯科等（Carrasco et al.，2005）使用 1985～1995 年的 ECPF（西班牙家庭消费支出追踪调查）测试消费中习惯形成的存在，在梅吉尔和韦伯（1996）研究的基础上，考虑家庭中不变的未观察到的异质性，证实了家庭消费中习惯形成的存在。小次郎（Koichiro，2011）使用 2000～2004 年 JPSC（日本消费者面板调查）数据，在基于戴南（2000）的欧拉方程基础上估计，结论是所有消费品符合耐久性的特征，没有发现习惯形成的证据。

使用总量数据在研究消费者习惯形成时往往会得出与使用微观数据时矛盾的结论。如邓恩和辛格尔顿（1986）、缪尔鲍尔（1988）和希顿（1993）在美国每月总消费数据中发现很少有形成习惯的证据，而布朗宁和科拉多（2007）、阿雷斯和特帕（2010）分别在研究西班牙和荷兰家庭消费时发现了习惯形成效应。戴南（2000）对此的解释是应与时间段的设定有关，许多非耐用品往往在不算太长的时间段消费完（如 1 年内），而消费者的习惯则可能在一个较长的时间内消失掉了。因此，使用微观数据时应考虑不同时间段的设定。

4. 估计方法

（1）单方程估计法。早期的习惯形成实证研究受限于计量方法和数据，大多以最小二乘为原理的单方程估计法进行估计[①]。海恩和达勒姆（1991）虽使用大样本家庭层级数据，避免了总量数据问题，但调查数据观察到的某些支出特定项目有时会采用零值表示因变量被截断。而截断因变量的问题会造成结果有偏和不一致的估计（Tobin，1958）。对于单方程模型，奥尔森（Olsen，1980）和格林（Greene，1981）的研究表明，偏差与极限观察的概率能力成正比。然而，这样会使问题更复杂。解决方法之一是可以通过最大似然估计这种类型的模型，但是这样使方程通常在计算上不可行或不可靠。李龙飞（Lee，1978）扩展了单方程的两步估计，表明两阶段估算结果比其他两阶段估计更有效。

缪尔鲍尔（1988）使用工具变量法进行估计，可能是采用总量数据的缘故，并没有得到存在习惯形成的证据。

奈克和摩尔（1996）采用固定效应估计对习惯形成假设进行检验。估计模型假设截距随个体而变，财富变量系数和滞后消费变量系数不随个体而变，得出食品消费中仍存在习惯形成效应的结论。虽然固定效应估计会给估计系数带来一定的偏差（Nickell，1981），然而，渐近偏差相对于所采用数据的长度而言是相当小的。

众所周知，以最小二乘估计方法要在严格的假设条件下才能得到无偏和有效的估计，但现实经济生活中很难完全满足假设条件，比如异方差、自变量中包括因变量的滞后项而导致的内生性等问题，为此，工具变量法和广义最小二乘法也逐渐被应用。

（2）广义矩估计。汉森（Hansen，1982）提出的广义矩方法（GMM）的优点是仅需要一些矩条件而不是通过完全的分布假设进行模型的设定。与单方程估计方法相比，GMM 法有更多优点，如能克服最小二乘法估计难以解决的内生性问题；在存在异方差的情况下，GMM 比工具变量法更为有效；与似然法相比，GMM 方法又不要求个体效应的具体形式。许多带有不可观测的个体影响的动态模型和含有理性预期的经济模型都是采用 GMM 方法进行估计。阿

① 单方程估计法包括以最小二乘为原理和不以最小二乘为原理的两种方法。前者如间接最小二乘法、两阶段最小二乘法和工具变量法等，后者如极大似然估计法、最小方差比法等。在习惯形成理论的单方程研究中，主要以前者为主。

雷拉诺和博威尔（Arellano & Bover，1995）则提出了差分 GMM 估计方法，布伦德尔和邦德（Blundell & Bond，1998）进一步将水平和差分方程结合形成系统广义矩估计（System GMM）方法。此外，GMM 还可进行残差项的一阶和二阶自相关检验，如果随意选择工具变量，矩条件可能会过度约束，可采用 GMM 的过度识别加以验证。

卡拉斯科等（2005）采用 GMM 估计方法考察了家庭消费的习惯形成效应，研究中考虑了纳入与未纳入未观察到的异质性两种情况，虽然两种情况下估计结果明显不同，但都找到了习惯形成的证据。布朗宁和科拉多（2007）使用水平 GMM 进行估计，由于存在未观测到的异质性，首先采用一阶差分消除家庭的个体影响，然后使用内生变量的滞后值作为工具变量。结果证明，外出食品消费、酒精和烟草具有习惯形成效应。小次郎（2011）运用 JPSC（日本消费者面板调查）数据将消费的滞后一期作为自变量，选择了系统 GMM 来估计动态面板。但结果显示，没有找到习惯形成的证据。戴南（2000）研究了消费者的食物支出增长的习惯形成效应。为消除个体效应，估计方程首先进行了一阶差分，但差分后的消费支出的滞后项与误差项相关，使用最小二乘法会导致估计结果的不一致。由于存在 MA（2）误差项结构，使用了 GMM 方法①，但是没有找到形成习惯的证据。阿雷斯和特帕（2010）等的研究也使用了 GMM 方法。

2.2.2 国内研究综述

相比国外学者，中国学者对习惯形成理论的研究显得相对滞后。据已有资料，国内最早在该领域做出贡献的是龙志和等（2002）对中国城镇居民消费习惯形成的研究，随后的十几年中，从不同研究角度出发，习惯形成理论研究成果陆续出现，取得了一定的进展。从结果来看并不一致，但大多数结论支持消费的习惯形成效应。从研究内容看，包括结合中国国情和经济转型的背景下经济现象的解释；对耐用品和耐用品的分类研究；对内部和外部习惯的研究以及过程中使用的模型、解法、数据和估计方法等的使用和拓展。

---

① 经张伯伦（Chamberlain，1984）证明，如果使用最优加权矩阵（其中考虑了 MA（2）误差结构），则 GMM 估计在仅使用条件矩约束的估计类中是有效的。

1. 国内经济现象研究

（1）高储蓄。20 世纪 90 年代以后，出现了居民高储蓄率的现象。在对城镇居民的研究中，杭斌等（2009a）认为，以前对高储蓄率的研究绝大多数没有考虑习惯形成的影响，而习惯形成也会导致储蓄增加。他把习惯形成和缓冲储备储蓄理论结合在一起，对 1997～2007 年中国的城镇住户调查数据进行了实证分析。结果显示，习惯形成和收入不确定性都是导致中国城镇居民高储蓄现象的重要原因。贾男等（2011a）的研究也指出，“习惯形成”可以从一定程度上解释近年来中国城镇居民消费不振及高储蓄的现象，并且其对消费的边际影响比“预防性动机”更为重要。家庭越富有，习惯形成越强，储蓄倾向越高。事实上，随着中国经济体制改革和经济转型，传统的保障体制被破除，新的保障体制仍未建立，消费者不得不主要依靠自身的积蓄来应对各种各样的风险。在这种情形下，要保证消费水平稳定提高，城镇居民家庭就必须更谨慎。较高的储蓄率也会增强城镇居民家庭抵御风险的能力。

贾男等（2011b）研究了中国家庭食品消费行为的习惯形成效应，给出农村居民储蓄率持续偏高的解释。她在习惯形成模型中进一步考虑了不确定性的影响，将预防性储蓄引入模型，研究发现习惯形成特征导致其消费行为更加谨慎，能在一定程度上对农村家庭的高储蓄率做出解释。但她认为，预防性动机所起的作用不如“习惯”所起的作用大，用“习惯形成”理论来解释农村家庭的高储蓄率比预防性储蓄理论更为合理。

凌爱凡等（2011）则建立了包含习惯形成、不确定性收入和财富偏好的消费与储蓄模型，通过模拟的方法给出了最优消费路径，模拟结果表明，当仅考虑存在消费习惯时，消费者更愿意延续过去的消费模式，消费者的储蓄得到自然的积累，不属于预防性储蓄；当考虑消费习惯与财富偏好时，消费者会增加预防性储蓄。但是他只进行了理论推导，没有进行实证分析。

此外，有的学者还对储蓄—消费过程中的习惯形成因素进行了验证。雷钦礼（2009）的研究结果表明，消费习惯和预防性储蓄动机确实都是影响我国农村居民家庭消费与储蓄决策的重要因素。杭斌（2009b）同样在缓冲储备储蓄理论中引入了消费习惯因素，对农村住户进行的实证分析结果也表明，习惯形成和收入不确定性都是影响中国农户消费行为的重要解释变量。消费的惯性越强，消费者就越谨慎。

（2）消费倾向。与高储蓄率相伴的是居民的消费倾向在不断走低，学者们结合习惯形成理论对此做了解释。杭斌（2010）从习惯形成角度分析了近年来中国城镇居民的平均消费倾向持续下降的原因，认为消费惯性增强和收入不确定性加大都是中国城镇居民的平均消费倾向持续走低的重要原因。贾男等（2011b）通过对农村居民食品消费行为的研究，发现越富有的家庭，其习惯形成特征就越强，储蓄倾向也越高，但预防性储蓄动机越弱，这从习惯形成理论的角度支持了收入分配不均导致消费率低的解释。李春风等（2012）将消费习惯纳入卡罗尔的缓冲储备模型对城镇居民进行了分析，结果表明，消费习惯下的边际消费倾向相比无消费习惯时要小，且消费习惯强度越大，边际消费倾向减小越明显。李伊等（2013）对农村居民消费习惯形成假设进行了检验，认为农村居民消费倾向不断走低的原因是制度、市场、自然、社会保障等多重不确定性带来的预防性储蓄，而减少了消费需求。

（3）消费的过度敏感性。艾春荣与汪伟（2008）研究了习惯偏好下的中国居民消费的过度敏感性。结果表明，在总消费上，城镇和农村居民的消费变动都呈现出对预期收入变动的过度敏感，拒绝了随机游走假说。城镇居民总消费变动的敏感性明显高于农村，而城镇居民的非耐用消费（以食品消费为代表）支出变动的收入敏感系数低于农村。

2. 耐用品和非耐用品

总消费既包含耐用品，又包含非耐用品，两者特征大为不同，其对应的耐久效应和习惯效应可能相互抵消，如放在一起估计，会导致结果并不准确（贾男等，2011b；黄娅娜等，2014），所以，一些研究对耐用品和非耐用品进行了区分。龙志和等（2002）对城镇家庭食品消费进行的研究表明，居民的消费习惯对食品消费具有显著作用，与国外数据相比明显更大，他认为是由于家庭的异质性没有进行控制而导致的。贾男等（2011b）对农村家庭食品消费的验证结果表明，农村居民家庭的食品消费有显著的习惯形成效应，在城镇家庭的食品消费中同样也存在显著的习惯形成特征（贾男等，2011a）。黄娅娜等（2014）讨论了城镇居民家庭消费的习惯形成效应。实证结果表明，大部分耐用消费品具有明显的耐久性，而排除了烟草和酒精支出的纯食品消费也存在显著的习惯形成效用。

3. 总量数据与微观数据

总量数据包括时间序列和面板数据，如齐福全等（2007）使用时间序列，艾春荣与汪伟（2008）、雷钦礼（2009）、晏艳阳等（2011）、杭斌（2011a）、崔海燕等（2011）、徐会奇等（2012）、王小华等（2016）等使用省级总量面板数据。随着微观调查数据的广泛运用，龙志和等（2002）、闫新华和杭斌（2010）、杭斌等（2011b）、贾男等（2011a）、贾男等（2011b）、杭斌等（2013）、翟天昶等（2017）则是使用家庭层级的微观面板数据。

相比总量数据，微观数据有其明显的优点，因为总量数据在很大程度上综合掉了不同群体之间消费行为的差异以及个体收入或个体消费的波动，最终必然会在一定程度上影响估计结果的可靠性（齐福全等，2007；杭斌，2009a）。

值得注意的是，有学者扩展微观数据的使用范围。如黄娅娜等（2014）利用城镇居民收入支出调查数据（UHIES），采用组群（cohort）构造方法，将不同年份的截面数据转化为多年份的“伪面板”（合成面板），这样的面板数据观测的是某个组群所有样本的均值，刻画拥有某种特征的一类人群的行为特征。这种处理方法的好处是扩宽截面数据的使用范围，也能提供家庭层面的更多信息，同样可利用 GMM 方法处理滞后项引起的内生性问题，从而保证估计量的一致性和有效性①。

4. 内部和外部习惯形成

消费者的消费行为不仅会受到自身过去消费的影响（内部习惯形成），还会受到周围人群的影响（外部习惯形成）②。杭斌（2011a）、杭斌等（2013）在阿雷斯和卢萨尔迪（1997）效用函数的基础上推导出包含内部和外部习惯形成的消费函数，发现城镇居民消费存在显著的内部和外部习惯形成特征。徐会奇等（2012）的研究也证实了城镇居民消费具有显著的内部和外部习惯形成特征。而崔海燕等（2011）和闫新华和杭斌（2010）则研究了农村居民消费情况，前者发现农村居民的消费存在显著的内部习惯形成特征，城镇居民消费对农村居民具有示范作用。后者研究了农村居民的消费结构，估计结果表

① 莫菲特（Moffitt，1993）、麦肯齐（Mckenzie，2001）等的结果表明，每个群体中样本数量足够时，通过组群方法构造的动态伪面板数据的 GMM 估计量不存在偏倚。

② 国内已有对农村居民消费的研究都是将城镇居民消费对农村居民消费的影响作为外部习惯形成而不是相反，城镇居民消费的外部习惯形成则是受周边人（其他城镇居民）的影响。

明，农村居民的各项消费支出都有，城镇居民在交通通信、教育文化娱乐服务及医疗保健的消费对农村居民有着显著的示范作用。

5. 消费模型和求解方法

消费的基本模型一般都是建立在以生命周期为基础上的消费者受收入约束下的效用最大化，再根据不同的研究目的加入如习惯形成、储蓄等因素得到与习惯形成有关的理论模型，最后利用欧拉方程或常相对风险厌恶效用函数（CRRA）和常绝对风险厌恶效用函数（CARA）进行求解。国内学者通常是在国外研究成果的基础上进行改进或扩展的。

为研究居民储蓄—消费中的习惯形成影响，杭斌和申春兰（2008）、杭斌等（2009a）、杭斌（2009b）、李春风等（2012）在迪顿（1991）或卡罗尔（1992，1997）提出的缓冲储备（buffer-stock）储蓄理论基础上进行改进和拓展。但习惯形成下的缓冲储备储蓄模型的一个明显不足是不存在封闭解，使参数估计非常不便（凌爱凡等，2011）。因此，杭斌（2009b）改进了卡罗尔和萨姆威克（Carroll & Samwick，1997；1998）的模型，采用了一个简单的部分调整（partial adjustment）的模型。杭斌等（2009a）以二次效用函数为基础，将效用函数改变为常绝对风险厌恶效用函数，导出了消费的封闭解（closed-form solution）。

龙志和等（2002）、王小华等（2016）、翟天昶等（2017）则是利用奈克和摩尔（1996）的简化模式，该模型的优点是表达式比较简洁，便于理解和处理数据，为国内众多学者采用。

齐福全等（2007）、艾春荣与汪伟（2008）、晏艳阳等（2011）、黄娅娜等（2014）选择了戴南（2000）提出的具有习惯偏好的生命周期消费模型，这也是国内学者经常采用的模型。该模型可通过欧拉方程得到消费的最优解。晏艳阳等（2011）对模型进行了修正，利用状态空间模型构造出可变参数模型。黄娅娜等（2014）在模型基础上还加入了不确定性因素。

雷钦礼（2009）、贾男等（2011b）、杭斌（2011a）等是以阿雷斯和卢萨尔迪（1997）的研究为基础，能获得消费与储蓄的封闭解，但缺陷是其消费者生命为无限的假设与现实不符，但杭斌（2011a）对该模型进行了改进，假定了消费者的有限计划期。

李伊等（2013）利用瓜里利亚和罗西（2002）的消费者在无限计划假设

下的常相对风险厌恶（CRRA）效用函数下导出了消费的封闭解。

凌爱凡等（2011）的研究是在卡瓦列罗（Caballero，1990；1991）和安吉利尼（2009）基础上进行的，在有限生命周期假设下，将习惯、不确定性收入、财富偏好等综合到模型中，应用 CARA 效用函数，推导出了消费的封闭解，并通过模拟方法给出了最优消费路径。

此外，徐会奇等（2012）以拟双曲形贴现函数（Quasi－hyperbolic discount function）为效用函数，结合消费者短视行为理论，在有限理性视角下构建了一个包含过度敏感性、短视性、主观性、内、外部习惯的消费决策的综合模型。

6. 估计方法

早期的习惯形成理论研究大多采用最小二乘估计法，这与数据和计量方法的发展有关。如齐福全等（2007）使用时间序列的 OLS 估计；龙志和等（2002）、杭斌等（2009a）、杭斌（2009b）、杭斌（2010）等使用的省级层面的面板数据的 OLS 估计。

随着计量方法的发展和大型微观调查数据的应用，2010 年后大多采用广义矩估计方法。雷钦礼（2009）、闫新华和杭斌（2010）、杭斌等（2011b）的使用估计方法是广义差分矩估计。相比较而言，综合了差分和水平方程的系统广义矩估计更加有效①，更受研究者的青睐。如艾春荣与汪伟（2008）、贾男等（2011a）、贾男等（2011b）、杭斌（2011a）、崔海燕等（2011）、徐会奇等（2012）、李伊等（2013）、杭斌等（2013）、黄娅娜等（2014）、王小华等（2016）、翟天昶等（2017）均是使用系统 GMM 法进行估计。一些学者也采用了卡尔曼滤波（Kalman filtering）法对参数进行估计，如晏艳阳等（2011）、李春风等（2012）。实际上，卡尔曼滤波法可看作是最小二乘法的一种特殊情况②。

---

① 差分 GMM 估计法的缺陷：做完差分变换后会造成部分样本信息缺失；当 T 较大时，容易产生弱工具变量问题，产生小样本偏倚现象。系统 GMM 估计不仅能校正固定效应估计在有限样本中的偏差，并且不容易受弱工具变量的影响，还能综合利用差分和水平方程中的矩条件，将滞后变量的一阶差分作为水平方程中相应的水平变量的工具。

② 卡尔曼滤波也是去通过最小化方差来求得最优的估计值。相比最小二乘法，卡尔曼就是相当于在两次迭代之间多了一步系统的状态转移。

第3章

新生代农民工城市消费情况实地调查[①]

3.1　相关数据的说明

本书使用的数据来源于2016年12月至2017年2月以全国各地的农村为调查范围的半结构式问卷调查。本次实地调查以1980年及以后出生的外出打工者为调查对象，以抽样调查发放问卷，结合访谈的形式，共访农村居民1689人次，通过与调查对象面对面交谈和电话访问的方式，实际发放调查问卷1100份，回收有效问卷1046份。运用SPSS软件对数据进行了有效分析。

3.1.1　调查样本选择依据

第一，样本来源地广泛，本次被调查的农民工来源省份19个，共计92个区县，样本分布合理。本次新生代农民来源地和打工所在地的调查范围都兼顾了新生代农民工所在地的聚集程度、经济发达程度、科学技术发达程度和产业化程度，其中包括经济发达地区，如北京、江苏、上海、浙江、广东等相关的市县和乡镇；经济中等发达地区如重庆、福建、四川等相关的市县和乡镇；经济欠发达地区如新疆、贵州、安徽等相关的市县和乡镇。并将按国家统计局的地区分类方法，将全国省、自治区及直辖市划分为东、中、西部三个地区。其中东部地区包括北京、天津、河北、上海、江苏、浙江、福建、山东、广东、海南；中部地区包括山西、安徽、江西、河南、湖北、湖南；西部地区包括内

① 2016年12月到2017年2月，重庆工商大学财政金融学院2015级投资、金工、保险等专业的近20位同学利用宝贵的假期进行了艰苦、细致的调查，在此表示感谢！尤其是金工专业的张帮满同学，不仅调查工作认真负责，而且对本章初稿的形成做出了重要贡献，深表谢意。

蒙古、广西、重庆、四川、贵州、云南、西藏、陕西、甘肃、青海、宁夏、新疆；东北地区包括辽宁、吉林、黑龙江。

第二，数据直接来源于第一手资料，由此数据分析出的调查结果可靠度高。

第三，数据反映客观事实。本次问卷调查以访问问卷的调查方式进行调查，问卷回收率高，被调查者根据自身情况对已有的选项进行回答，问题的答案能很好地反映被调查者的真实情况，本书对主观的答案进行处理分析，个别对结果的干扰而产生的误差可以得以消除。

第四，样本重点关注了新生代农民工的性别、年龄、文化程度、进城前后的职业分布、收入情况和消费情况等，考虑了年龄、性别、文化程度等对新生代农民工收入和消费的影响，分析了不同性别和年龄下的新生代农民工储蓄情况及寄钱回家的情况，以及不同年龄、不同性别的新生代农民工的超前消费情况等。被调查对象都是出生在 1980 年及以后的新生代农民工，对分析内部和习惯形成与新生代农民工消费行为研究具有可靠的参照性。

3.1.2　调查样本概述

1. 样本的来源地分布

在调查样本中，抽样调查了包含有来自全国 19 省份的新生代农民工。东部地区新生代农民工来源地主要包括福建、广东、河北，其中福建占 10.0%，广东占 5.0%，河北占 7.9%；中部地区新生代农民工来源地主要包括河南、安徽、江西，其中安徽占 6.5%，河南占 9.2%，江西占 3.2%；西部地区新生代农民工来源地主要包括广西、甘肃、宁夏、新疆、贵州、重庆，其中甘肃占 7.9%，贵州占 7.2%，宁夏占 5.2%，广西占 6.6%，新疆占 7.0%，重庆占 15.2%。东部、中部、西部和东北地区中的新生代农民工来源地占比小于 3.0% 的共计 8.7%。样本来源包括了发达地区、中等发达地区和欠发达地区，详见图 3－1。

2. 样本的性别分布

在有效的 1046 个样本中，男性为 557 个，占 53.3%，女性为 789 个，占 46.7%，比例接近 1∶1，分布如图 3－2 所示。

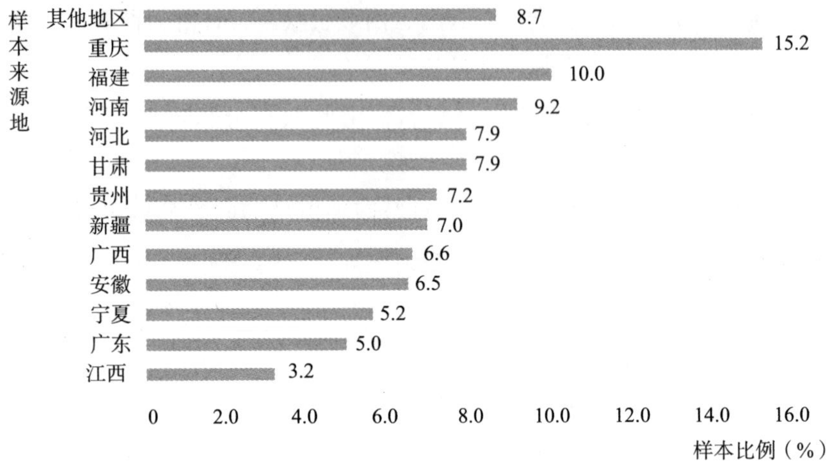

图 3-1　样本新生代农民工来源地分布

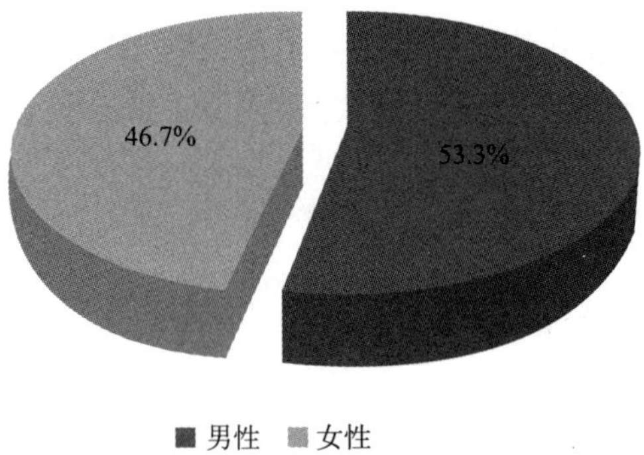

图 3-2　被调查者的性别分布

3. 样本的年龄分布

在调查样本中，调查对象都是1980年及以后出生的新生代农民工，其中，年龄最大为36岁，最小为16岁，平均年龄为26岁。总体来看，年龄分布主要集中在20～25岁，共计510人，占48.8%；其次是在26～30岁，占25.5%；再次是30岁以上，占20.3。就性别来看，男性样本共557人，男性年龄集中程度最高为20～25岁，共计258人，占男性样本的46.3%；其次为26～30岁，共计154人，占男性样本的27.6%，30岁以上有114人，占男性样本的20.5%，20岁以下仅31人，占男性样本的5.6%。女性样本共489人，女性年龄集中程度最高也是在 20～25 岁，共计 252 人，占女性样本的 51.5%；其次为 26～30 岁，共计 113 人，占女性样本的 23.1%，30 岁以上和 20 岁以下的分布相对较少，分别有 26 人和 98 人，各占女性样本的 5.3% 和 20.4%，分布详见图 3－3。

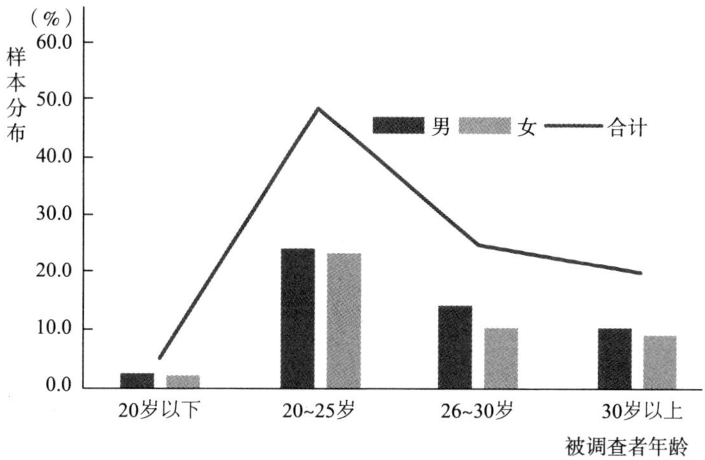

图 3－3　被调查者的年龄分布

4. 样本的受教育程度

在调查样本中，被调查的 1046 人中具有初中文化程度的最多，共计 445 人，占样本的 42.5%；其次为高中或中专，共计 354 人，占样本的 33.8%；再次是大专及以上，共计 157 人，占 15.0%；最后是小学及以下，共 90 人，占 8.6%。新生代农民工受教育程度普遍偏低，详见图 3－4。

就男性来看，受教育程度在小学及以下共计 48 人，占男性样本的 8.6%；初中共计 265 人，占男性样本的 47.6%；高中或中专共计 170 人，占男性样本的 30.5%；大专及以上共计 74 人，占男性样本的 13.3%。就女性来看，样本受教育程度分布与男性类似，女性受教育程度在小学及以下、初中、高中或中专和大专及以上分别有 42 人、180 人、184 人和 83 人，分别占女性样本的 8.6%、36.8%、37.6% 和 17.0%。可见，新生代农民工文化层次主要集中在初中和高中或中专，就性别而言，男性和女性的集中程度相当，详见表 3－1。

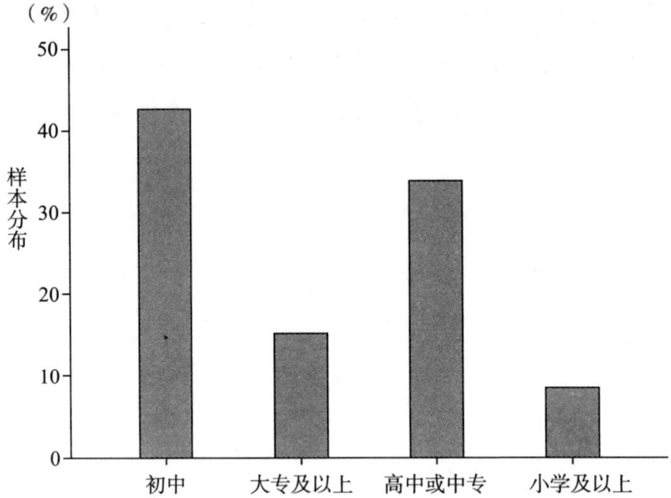

图 3-4　被调查者的受教育程度分布

表 3-1　　被调查者受教育程度

分类		分项	初中	大专及以上	高中或中专	小学及以下	总计
性别	男性	数量（人）	265.0	74.0	170.0	48.0	557.0
		占性别的百分比（%）	47.6	13.3	30.5	8.6	100.0
	女性	数量（人）	180.0	83.0	184.0	42.0	489.0
		占性别的百分比（%）	36.8	17.0	37.6	8.6	100.0
总计		数量（人）	445.0	157.0	354.0	90.0	1046.0
		占性别的百分比（%）	42.5	15.0	33.8	8.6	100.0

3.2　农民工在农村消费情况

3.2.1　进城前的工作领域

被调查者进城前，除了是学生以外，从事的工作领域主要有种植业、养殖业、手工业、打零工、在（乡镇）企业做工等，其中种植业和养殖业主要是家庭式产出。被调查的 1046 人中，5 人未回答，回答的人中，进城前从事第一产业的共计 301 人，占比 28.8%；其次是从事第二产业的共计 138 人，占比 13.2%；从事第三产业的共计 47 人，占比 4.5%；其他行业占比 53.1%。据了解，这里的其他行业主要有学生、教师、无业者，其中学生最多，共计431人，占样本总体的41.2%。学生辍学或完成学业后选择在城市打工，是构成新生代农民工的主体，他们的文化程度集中在初中、高中或中专，具体详见表3－2。

表3－2　被调查者进城打工前主要从事的工作领域

序号	工作领域	数量（人）	百分比（%）
1	种植业	261	25.0
	养殖业	40	3.8
	第一产业合计	301	28.8
2	手工业	44	4.2
	在（乡镇）企业做工	82	7.8
	自己办企业	6	0.6
	厂长、经理或承包者	6	0.6
	第二产业合计	138	13.2
3	个体小商贩	47	4.5
	第三产业合计	47	4.5
4	学生	431	41.2
5	其他	555	53.1
6	未填者	5	0.5
合计		1046	100.0

3.2.2　进城前平均月收入

被调查者在进城前，收入来源主要来自种植业、在（乡镇）企业做工、养殖业、打零工和个体小商贩等，其收入水平较低。在被调查的1046人中，在进城打工前平均月收入在1000元以下的共计602人，其中男性321人，占样本总量的30.7%，女性281人，占26.9%；月均收入在1000～2000元的共计247人，其中男性130人，占12.4%，女性117人，占11.2%；月均收入在2000～3000元的共计164人，其中男性81人，占7.7%，女性83人，占7.9%；月均收入在3000～4000元的共计21人，其中男性15人，占1.4%，女性6人，占0.6%；月均收入在4000~5000元的共计9人，其中男性7人，占0.7%，女性2人，占0.2%；月均收入在5000元以上的共计3人，均为男性，占0.3%。总体来，被调查者在进城的前一年月收入小于1000元，除了与被调查者从事的职业和就业途径狭窄外，还因为41.2%的人在进城打工前是学生，详见表3-3。

表3-3　被调查者进城的前一年月平均收入占比　单位:%

性别	平均月收入						
	≤0.1万元	0.1万~0.2万元	0.2万~0.3万元	0.3万~0.4万元	0.4万~0.5万元	>0.5万元	合计
男	30.7	12.4	7.7	1.4	0.7	0.3	53.2
女	26.9	11.2	7.9	0.6	0.2	0.0	46.8

3.2.3 进城前在农村的消费支出情况

1. 消费支出的分类结构

消费结构是指各类消费支出在总费用支出中所占的比重。居民消费结构按消费的生活用途可以分为物质消费和服务性消费。本书根据统计年鉴的居民消费分类，结合被调查者的实际情况，将被调查者在农村的消费分为在衣着、食品、通信和交通、医疗、文化和娱乐、住房、生活用品及服务及其他项上的支出费用。

居民食品费用支出包括在主食和副食上的支出，具体分为粮食及制品、食用油、肉及其制品、乳制品、豆制品、糖果蜜饯等支出。衣着支出按用途分为衣、鞋、帽和化妆品等支出。通信费用包括农村住户用于电信服务和邮递服务。交通费用包括交通费、车辆购置税、养路费、车船使用税、过路费、油费、保险费、日常维修保养支出。文化和娱乐支出包括被调查者学习种植、养殖技术或是其他与教育和培训相关的费用支出，以及用于购买以娱乐、休闲为目的的消费品的开支。其他费用指上述各类支出以外的商品和服务支出，主要指应酬交际费用和子女抚养费。应酬交际费用包括被调查者在农村走亲访友的开销、礼金等。子女抚养费用包括子女生活费 、教育费、医疗费等。住房支出费用包括新（建）房屋、住房保养、住房维修及管理、房屋租赁等支出。生活用品及服务中，生活用品包括家具、室内装饰品、家用电器等，服务包括家政服务和家庭设备修理。根据国家统计局发布的《居民消费支出分类（2013）》，分类包括居民在食品、衣着、居住、生活用品及服务、交通和通信等八大类的支出。其分类中的居民消费支出是指居民日常生活中，为了满足自身和家庭成员需要为目的，经常性、多次性的消费支出，这种消费支出不包括居民以保值和增值为目的在投资类的支出，也不包括居民最终消费中由政府支出的部分（包括政府在卫生保健、教育等方面的支出）等。其分类适用于新生代农民工消费支出有关的统计调查。

2. 消费支出情况

被调查者进城前在农村的消费主要集中在物质性消费上，如食品和衣着。被调查进城打工前，其每月最大支出项是食品费用，共计 320 元，占当月总支出的 32.8%，就个案的解释为：在部分地区，虽然身处农村，但是柴、米、油、盐、烟酒等都来自商品购买，特别是没有大米产出的地方，主食都是通过购买获得，部分蔬菜除外。其次是文化和娱乐项目，被调查者平均每月支出 149 元，占 15.2%，被调查者样本平均年龄 26 岁，年龄分布主要集中在 20 ~ 25 岁，占总体样本的 48.8%，是新生代农民工的主体。结合调查信息，被调查者正处于谈恋爱和结婚的时期，在文化培训和娱乐方面支出比重较大，主要包括学习培训和上网、其他娱乐。在农村，父母出于疼爱孩子的角度，很少让孩子做农活，年轻人闲暇时间增多，手机成为打发无聊时间的一个重要工具。在没有联网的农村家庭，手机是与外界交流的主要工具，被调查者使用的 QQ、微信或其他聊天工具，手机网络游戏，网页等产生的流量费用和游戏充值的费用占娱乐项目中的主要支出。再次是其他商品和服务的支出，包括应酬交际、子女抚养和其他费用的支出，共计 122 元，占 12.5%。居第四位的是衣着，共计 120 元，占 12.3%。被调查者在其余四大类支出相对较少，居住、生活用品及服务、医疗保健、交通和通信人均每月支出分别为 50 元、89 元、31 元和 96 元，分别占当月总支出的 5.1%、9.1%、3.2% 和 9.8%，详见表 3 - 4。

表 3－4　　被调查者在进城前一年月人均消费支出

项目	食品	衣着	居住	生活用品及服务
支出费用（元）	320.0	120.0	50.0	89.0
支出费用占总支出的比例（%）	32.8	12.3	5.1	9.1
项目	医疗费用	交通和通信	文化和娱乐	其他商品和服务
支出费用（元）	31.0	96.0	149.0	122.0
支出费用占总支出的比例（%）	3.2	9.8	15.2	12.5

3. 各个年龄段消费支出情况

从被调查者进城前的平均月消费来看，其消费水平总体较低。年龄在 20 岁以下的 57 人中，在进城前，这个年龄段的人平均每月消费共计 853 元，男性平均每月消费共计 811 元，女性为 903 元。总体来说，被调查者在食品类支出最多，共计 283 元，占每月总消费的 33.2%，在医疗费用类的支出最少，合计 24 元，占每月总消费的 2.8%。从性别来看，男性和女性在食品类的支出最多，分别占男性和女性每月总消费的 378% 和 28.2%。男性在居住类支出最小，占男性每月总消费的 2.2%，女性在医疗费用类上支出最小，占女性每月总消费的 2.8%。年龄在 20～25 岁的 510 人中，在进城前，这个年龄段的人平均每月消费共计 1034 元，平均男性为 992 元，女性为 1077 元。总体来说，被调查者在食品类的花销最多，支出为 357 元，占每月总消费的 34.6%，在医疗费用上的消费最小，占每月总消费的 2.5%。从性别来看，男性和女性的最高支出项和最低支出项与该年龄段总体支出情况相同，都是在食品类消费支出最大，在医疗费用项支出最少。其中男性平均每月在食品类的支出为 355 元，占男性每月总消费的 35.8%，在医疗费用类支出最少，共计 24 元，占男性每月总消费的 2.4%；女性平均每月在食品类的支出为 359 元，占女性每月总消费的 33.4%，在医疗费用类支出为 29 元，占女性每月总消费的 2.7%。

年龄在 26～30 岁的 267 人中，在进城前，这个年龄段的人平均每月消费共计 1033 元，平均男性为 1116 元，女性为 918 元。总体来说，被调查者在食品类的花销最多，支出为 338 元，占每月总消费的 32.8%，在医疗费用上的消费最小，占每月总消费的 4.2%。从性别来看，男性和女性都是在食品类消费支出最大，其中男性平均每月在食品类的支出为 354 元，占男性每月总消费的

31.7%，在医疗费用类支出最少，共计47元，占男性每月总消费4.2%；女性平均每月在食品类的支出为318元，占女性每月总消费的34.5%，在居住类支出为30元，占女性每月总消费的3.3%。

年龄在30岁以上的212人中，在进城前，这个年龄段的人平均每月消费共计795元，平均男性为829元，女性为756元。总体来说，被调查者在食品类的花销最多，支出215元，占每月总消费的27.1%，在医疗费用上的消费最小，仅支出31元，占每月总消费的3.8%。从性别来看，男性平均每月在其他费用的支出为243元，占男性每月总消费的29.3%，在居住类支出最少，共计23元，占男性每月总消费的2.8%；女性平均每月在食品类的支出最多，共计243元，占女性每月总消费的32.1%，在医疗费用类支出仅为26元，占女性每月总消费的3.4%。

被调查者在进城前，在食品类支出最多，月均支出为320元，占当月总支出的32.8%。这一数值高于30%，根据联合国粮农组织提出的标准，恩格尔系数在50%~59%为温饱，在40%~50%为小康，在30%~40%为富裕，在20%以下为最富裕。在中国，运用这一标准时，应充分考虑国情，从我国居民生活习惯、居民消费习惯、消费价格比价、农村与城市的异同以及中国经济体制度下产生的其他因素。2017年10月10日，国务院新闻办新闻发布厅举行新闻发布会，国家发展改革委副主任、国家统计局局长宁吉喆介绍中共十八大以来经济领域的进展成就，公布了2016年中国居民恩格尔系数为30.1%，接近富足标准。本书调查结果显示，我国新生代农民工家庭中食物支出占消费总支出的32.8%，大于30.1%。原因是被调查者在进城前就业面狭窄，收入来源少，其收入水平总体较低，在1046名调查者中，平均月均收入为1338元，平均总支出达975元，说明新生代农民工在日常消费支出后，可支配的收入较少。被调查者进城前在食品类的支出占总支出的比例在被调查者进入26岁后开始减少，这个阶段的新生代农民工总体已经结婚生子，在收入较低和家庭负担加重的情况下，新生代农民工在食品支出上更节约，能省就省，在食品上的支出尽量控制在最低。此外，新手代农民工在医疗费用的支出上很少，平均每月仅支出4元，在这个年龄阶段，新生代农民工身体素质较好，少生病，再加上新生代农民工生病后尽可能不进医院，而是运用自身调节或是用农村的偏方治疗等情况，导致新新生代农民工在医疗费用上的支出很少，详见图3-5。

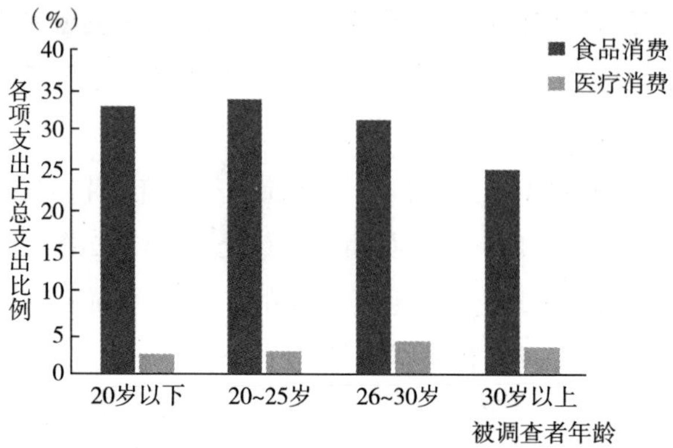

图 3－5　不同年龄的被调查者在食品和医疗费用上支出情况

4. 各种教育程度的平均月收入情况

被调查者进城前，男性和女性的平均月收入分别是 1400 元和 1385 元。总体来说，人均平均月收入与文化程度的关联度较低。文化程度在小学及以下、初中、高中或中专和大专及以上的男性平均月收入分别为 1350 元、1288 元、1442 元和 1522 元。文化程度在小学及以下、初中、高中或中专和大专及以上的女性平均月收入分别为 1613 元、1091 元、1374 元和 1464 元。调查结果表明，文化程度的高低与收入的高低并不呈线性关系，各个年龄阶段的新生代农民工收入水平相差较小，这与农村职业与知识的关联性较小有关。我国在 1986 年 4 月颁布了《中华人民共和国义务教育法》，第一次以法律形式确定义务教育，这意味着“儿童和未成年人”必须接受 9 年教育的义务。义务教育法的发展标志着我国教育事业的发展进入了一个新的阶段，中国在 2008 年秋天实现了教育的真正义务。在实现教育的真正义务后，中国农村接受教育的适龄学生增多，总体文化程度开始逐步增高。但是，文化程度的增高对于主要在农村种植业、养殖业、打零工和其他职业的新生代农民工来说，在总体上并没有明显体现出文化程度改变后带来的优势。调查结果显示，文化程度在小学及以下的新手代农民工平均月收入为 1482 元，而文化程度在初中、高中或中专和大专及以上的新生代农民工的平均月收入分别是 1190 元、1408 元、1449 元，不同文化程度的新生代农民工平均月收入最多相差 292 元。

总体来说，文化程度在小学及以下的新生代农民工的年龄相对高于其他文化程度的新生代农民工的年龄，其熟练程度较高、经验相对较丰富，是导致这类新生代农民工的平均月收入高于其他文化程度的新生代农民工的平均收入水平的主要原因，详见表3-5。

表3-5　　各文化程度的被调查者进城前一年的平均月收入　　单位：元

性别	文化程度	进城前月均收入
男	小学及以下	1350
	初中	1288
	高中或中专	1442
	大专及以上	1522
女	小学及以下	1613
	初中	1091
	高中或中专	1374
	大专及以上	1464

5. 各种教育程度的消费结构特点

（1）食品支出的比重偏大。被调查者进城前，消费水平比较低，人均每月平均消费975元。就性别而言，男性和女性在消费上总体差异不大。不同文化程度的新生代农民工的消费差异性较小。文化程度在小学及以下的男性平均每月消费1055元，其中在食品上消费为317元，占总消费的30.1%。其他文化程度的男性每月的消费支出最大项也为食品类支出，文化程度在初中、高中或中专和大专及以上的被调查者平均每月在食品类的支出分别是297元、340元和356元，分别占相应总支出的31.8%、33.4%和40.8%。就女性而言，不同文化程度的被调查者每月消费支出最大项都是食品类，文化程度在小学及以下、初中、高中或中专和大专及以上的女性新生代农民工在食品类的支出分别是313元、249元、343元和320元，分别占相应总支出的35.7%、30.2%、32.8%和38.1%。

（2）交通费用支出明显偏低。总体来说，被调查者进城打工前，其每月在交通和通信、医疗费用、文化和娱乐项的消费支出明显较少，特别是文化和娱乐项目。就交通和通信而言，这与被调查者在农村活动范围有关，出行多以步行为主，用于出行和运输用途的三轮车、拖拉机等简便交通工具消耗较少。

对于运输农产品的交通工具来说，农作物的生产具有季节性、低产量性，其需要用到交通工具的时间较少，对于出远门的被调查者则多选择客车作为交通工具，此类出行次数很少，出行原因多是由于参加县城的酒席或是过年时走访远方的亲人。

调查结果显示，就男性来说，年龄在 20 岁以下的被调查者平均每月在交通和通信上的支出为 59 元，占样本总体的 5.6%；年龄在 20～25 岁的被调查者在交通和通信上的支出为 40 元，占 4.2%；而 26～30 岁的被调查者支出为 44 元，占 4.3%；30 岁以上的被调查者支出为 60 元，占 7.9%。就女性来说，年龄在 20 岁以下、20～25 岁、26～30 岁和 30 岁以上的被调查者平均每月在交通和通信上的支出分别是 18 元、42 元、51 元和 55 元，分别占样本总量的 2.1%、5.1%、4.9% 和 7.7%。

（3）医疗费用支出明显偏低。就医疗费用而言，对于新生代农民工，其年龄在 36 岁及以下，身体正处于相对强壮的时期，生病的概率较小。就个案调查结果显示，对于以省吃俭用为原则的新生代农民工，多以服用简单药物治疗为主，或是根据农村的偏方进行治疗，绝大多数新生代农民在生病后选择不去医院，以避免大额医疗费用的开销。此外，国家社会医疗保险也为新生代农民工的基本医疗需求提供了一定的保障。

（4）文化和娱乐支出明显偏低。总体而言，新生代农民工精神生活缺失和匮乏。就文化和娱乐而言，结合个案分析，新生代农民工进城前在文化和娱乐项目支出甚少的原因主要有以下几点：第一，新生代农民工文化程度较低的主要原因是个人厌学、学习环境较差和家庭经济困难等因素。大部分文化程度较低的新生代农民工因为个人厌学和学习环境较差导致的学习成绩不乐观，这部分学生通常选择辍学或是达不到升学条件被迫弃学，在离开学校后，也很少再继续学习。第二，这种情况还与农村对知识和科技要求不高的生产方式有关，自给自足的生活方式虽然造成上新生代农民工经济收入上的压力，也明白学历和知识对于个人在社会上生存和发展的重要性，实际上，他们中的绝大部分人都不会选择自己去学习吸收新的文化知识，可能会选择学习一项技能，而是把升学和光宗耀祖的事情都寄托在他们的子女身上。第三，农村娱乐方式有限，而且他们大多时候都在忙于生计，没有足够的时间、精力和收入去满足自身在娱乐上的消费，详见表 3－6 和表 3－7。

表3-6 各文化程度的被调查者进城前一年人均月消费结构 单位：元

性别	文化程度	食品	衣着	交通和通信	医疗费用	文化和娱乐	其他商品和服务	居住	生活用品及服务	总计
男	小学及以下	317	98	59	74	63	126	192	126	1055
	初中	297	131	40	101	28	130	117	89	933
	高中或中专	340	103	44	104	32	184	128	83	1019
	大专及以上	356	125	60	99	45	181	131	88	1085
女	小学及以下	313	139	18	66	55	75	142	68	877
	初中	249	119	42	80	29	123	84	98	824
	高中或中专	343	125	51	97	32	187	121	94	1048
	大专及以上	320	120	50	96	31	149	123	90	978

表3-7 各文化程度的被调查者进城前一年人均月消费结构占比 单位：%

性别	文化程度	食品	衣着	交通和通信	医疗费用	文化和娱乐	其他	居住	生活用品及服务
男	小学及以下	30.1	9.3	5.6	7.0	6.0	11.9	18.2	12.0
	初中	31.8	14.0	4.2	10.9	3.0	14.0	12.5	9.5
	高中或中专	33.4	10.1	4.3	10.2	3.2	18.1	12.5	8.2
	大专及以上	40.8	9.0	7.9	10.7	2.7	13.2	9.4	6.4
女	小学及以下	35.7	15.6	2.1	7.5	6.2	8.6	16.2	7.8
	初中	30.2	14.5	5.1	9.7	3.5	15.0	10.2	11.9
	高中或中专	32.8	11.9	4.9	9.3	3.0	17.8	11.5	8.9
	大专及以上	38.1	12.2	7.7	9.4	1.1	14.5	9.8	6.8

3.3 农民工在城市消费情况

3.3.1 进城后的工作领域

被调查者进城后，其工作领域遍布各个区域，从事第一产业人数与进城之前相比明显减少，大多从事用体力挣钱的行业，这也与新生代农民工文化程度普遍较低有关。在被调查的1046人中，最常见的是从事加工制造业和建筑业，其中从事加工制造业的共计259人，占样本总量的24.8%；从事建筑业的有210人，占20.1%；从事宾馆餐饮业的共计114人，占10.9%；从事批发零售业的共计 68 人，占 6.5%；从事 IT 设备、服务、软件业的共计 65 人，占 6.2%；从事交通运输仓储业的共计 37 人，占 3.5%；从事金融保险房地产业的共计 35 人，占 3.3%；其余还有从事家政服务业、科研技术服务业、籍贯事业单位、采掘业、旅游业和农林牧渔业的，分别为 27 人、13 人、13 人、10 人、7 人和 6 人，分别各占 2.6%、1.2%、1.2%、1%、0.7%和 0.6%，从事其他行业共计 182 人，占 17.4%，具体详见表 3－8。

表 3－8　　进城打工后从事的工作领域统计

进城打工后从事的工作领域	数量（人）	百分比（%）
农林牧渔业	6	0.6
旅游业	7	0.7
采掘业	10	1.0
机关事业单位	13	1.2
科研技术服务业	13	1.2
家政服务业	27	2.6
金融保险房地产业	35	3.3
交通运输仓储业	37	3.5
IT 设备、服务、软件业	65	6.2
批发零售业	68	6.5
宾馆餐饮业	114	10.9
加工制造业	259	24.8
建筑业	210	20.1
其他	182	17.4
总计	1046	100.0

3.3.2　进城打工后在 2016 年与进城前一年的人均月收入变化对比

被调查者进城后，就业渠道相对于进城前广泛，其收入也有了明显的改善。就性别来看，男性占比变化在月均收入在 1000 元以下和 5000 元以上区间体现更为明显。就进城打工后的 2016 年来看，进城后月均收入在 1000 元以下的人数仅为 42 人，占样本总量的 8.3%，与进城前一年相比，总体减少了 93.0%；在 2016 年收入在 1000～2000 元的人数占比 24.6%，与进城前一年相比，总体减少了 49.8%，而收入在 2000~3000 元的人数总体增加了 90.2%；对于月均收入大于 3000 元来说，人数变化十分明显，这种明显的变化就个案调查得到的解释为：随着社会经济的发展，城市扩建和企业的增多对农民工的需求依然存在，而愿意仅靠体力挣钱的年轻农民工越来越少，特别是建筑行业，导致新生代农民工供求结构的变化。其次是农民工的出身环境造就了其吃苦耐劳的毅力，再加上技术和熟练度的提高，工资收入随着上涨，另外较重的家庭负担也逼迫农民工不断学习技术和加大工作量。在当下的网络信息时代，信息透明化、曝光速度快也减少了拖欠农民工工资事件的发生。除此以外，国家和地方的相关法律法规制度的完善，也为农民工的合法权益提供了保障，详见表 3-9。

表 3-9　被调查者进城前一年与 2016 年月收入变化对比　单位:%

性别	进城前后	月收入					
		≤0.1 万元	0.1 万~0.2 万元	0.2 万~0.3 万元	0.3 万~0.4 万元	0.4 万~0.5 万元	≥0.5 万元
男	进城前一年占比	57.6	23.3	14.5	2.7	1.3	0.5
	2016 年	2.9	8.4	24.9	25.0	15.5	23.2
	变化率	-95.0	-64.6	67.9	813.3	1114.3	4133.3
女	进城前一年占比	57.5	23.9	17.0	1.2	0.4	0.0
	2016 年	5.4	16.2	36.5	26.3	8.1	7.5
	变化率	-90.7	-33.3	112.0	2016.7	1850.0	—
总体变化率		-93.0	-49.8	90.2	1157.1	1277.8	—

3.3.3　进城打工后在 2016 年的消费情况

1. 总体消费情况

被调查者进城后，消费结构与进城前相比，发生了变化。调查结果显示：总体来说，新生代农民工进城后与进城前比，消费费用增长明显。在食品上的支出依然是最大支出项，人均每月在食品上的消费是 660 元，占当月的总消费的 25.5%，第二是其他商品和服务，为 522 元，占 20.2%。第三是在居住上的支出，为 362 元，占 14.0%，最少支出项为在医疗费用上的支出，仅为 59

元，占2.3%，详见表3－10和图3－6。

表3－10　　2016年在城市月人均消费统计

项目	食品	衣着	居住	生活用品及服务
支出费用（元）	660.0	313.0	362.0	166.0
支出费用占总支出的比例（%）	25.5	12.1	14.0	6.4
项目	医疗费用	交通和通信	文化和娱乐	其他商品和服务
支出费用（元）	59.0	234.0	280.0	522.0
支出费用占总支出的比例（%）	2.3	9.1	10.8	20.2

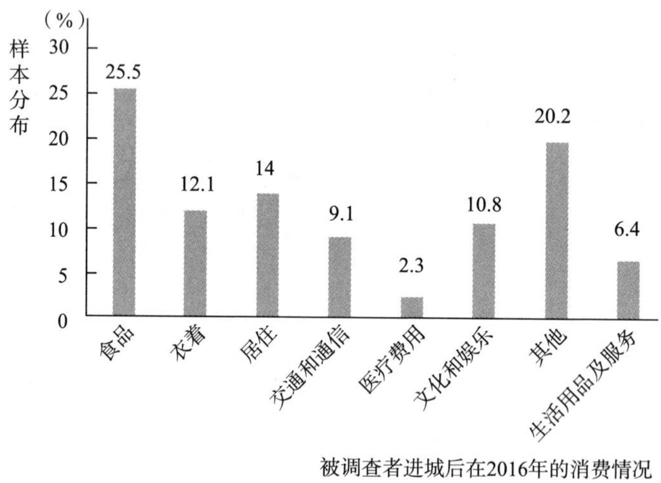

图3－6　被调查者进城后2016年在城市月人均消费情况

2. 2016年人均月收入情况

从调查结果来看，新生代农民进城后的收入增加。文化程度的高低对收入的影响体现了出来。总体来说，男性收入水平高于女性，文化程度高的新生代农民工收入水平高于较低文化程度的新生代农民工。被调查者进城后，开始进入与之前职业关联度较小的工作领域，比如说建筑业、加工制造业、机关事业单位、金融保险房地产等职业，特别是IT设备、服务、软件，金融保险房地产、科研技术服务业和机关事业单位等工作领域对文化知识的要求相对其他职业而言更高，收入也更高，文化程度较高的新生代农民工优先选择这类职业，文化程度较低特别是文化程度在小学及以下的新生代农民工就业领域狭窄，可被替代性较高，主要从事于采掘业、宾馆餐饮业和家政服务业等职业。

就性别来看，男性中文化程度在小学及以下的被调查者在进城打工后的 2016 年人均平均月收入为 3973 元，相对较低，文化程度在初中、高中或中专、大专及以上的收入分别为 4309 元、4250 元和 4558 元。女性中文化程度在小学及以下的被调查者在进城打工后的 2016 年人均平均月收入为 2992 元，相对较低，文化程度在初中、高中或中专、大专及以上的收入分别为 3149 元、3188 元和 3275 元，详见表 3 – 11。

表 3 – 11　　2016 年各文化程度的被调查者人均月收入　　单位：元

性别	文化程度	金额
男	小学及以下	3973
	初中	4309
	高中或中专	4250
	大专及以上	4558
女	小学及以下	2992
	初中	3149
	高中或中专	3188
	大专及以上	3275

3. 不同文化程度的调查者在 2016 年的消费情况

新生代农民工进城后的消费水平决定于他们的收入水平，其收入水平又与他们的文化程度相关。根据调查数据显示，新生代农民进城后，有 10. 9% 的从事宾馆餐饮业，24. 8% 的人从事加工制造业，20. 1% 的人从事建筑业，这三部分人占了总样本的 55. 8%，他们中的大多数来自被调查样本中文化程度较低的部分群体，详见表 3 – 12 和表 3 – 13。

表 3 - 12　　2016 年各文化程度人均月消费结构情况　　单位：元

性别	文化程度	食品	衣着	交通和通信	医疗费用	文化和娱乐	其他	居住	生活用品及服务	总计
男	小学及以下	445	229	210	150	56	157	732	189	2209
	初中	728	273	355	255	65	276	557	186	2697
	高中或中专	713	291	390	296	58	403	609	162	2986
	大专及以上	566	338	461	210	35	263	330	134	2208
女	小学及以下	715	332	353	149	73	170	471	142	2383
	初中	673	318	345	207	60	187	606	164	2531
	高中或中专	613	376	358	234	59	288	431	179	2472
	大专及以上	580	349	373	214	55	365	324	109	2363

表 3 - 13　　2016 年各文化程度人均月消费结构占比情况　　单位:%

性别	文化程度	食品	衣着	交通和通信	医疗费用	文化和娱乐	其他	居住	生活用品及服务
男	小学及以下	20. 2	10. 4	9. 5	9. 5	2. 5	7. 1	33. 1	8. 6
	初中	27. 0	10. 1	13. 2	13. 2	2. 4	10. 2	20. 7	6. 9
	高中或中专	23. 9	9. 8	13. 1	13. 1	2. 0	13. 5	20. 4	5. 4
	大专及以上	25. 6	15. 3	20. 9	20. 9	1. 6	11. 9	14. 9	6. 1
女	小学及以下	30. 0	13. 9	14. 8	14. 8	3. 1	7. 1	19. 8	6. 0
	初中	26. 6	12. 6	13. 6	13. 6	2. 4	7. 4	23. 9	6. 5
	高中或中专	24. 8	15. 2	14. 5	14. 5	2. 4	11. 7	17. 4	7. 0
	大专及以上	24. 5	14. 8	15. 8	15. 8	2. 3	15. 5	13. 7	4. 6

（1）食品类比例较小。被调查者总体人均每月在食品类的支出占当月总支出的25. 3%，表明新生代农民工的恩格尔系数为25. 3%，按照国际标准为富裕，这显然与实际不符。根据调研情况得出，绝大部分的农民工收入相对其他职业还是很低的，在不同收入段的农民工在食品类的支出也较低，他们在食品类支出较低的原因主要有两种。第一种原因是部分新生代农民工的主食由工作所包分配，例如餐饮业和部分工厂，这类新生代农民工只需要自费主食以外的食品支出，以满足个人需求。第二种原因是农民工自费全部食品支出，这类新生代农民工在食品的支出上尽量节省，以维持自己在城市的消费和农村家里的开支。进城打工后的新生代农民工，总体收入多于农民的收入，但是少于

城镇居民的收入，25.3%的恩格尔系数说明新生代农民工将自己的食品消费压缩到了最低限度，不能简单用国际标准将新生代农民工界定为富裕。具体来说，就性别来说，文化程度在小学及以下、初中、高中或中专和大专及以上的男性被调查者在食品上的支出分别为 445 元、728 元、713 元和 566 元，分别占男性总样本的 20.2%、27.0%、23.9%和 25.6%。女性中，文化程度在小学及以下、初中、高中或中专和大专及以上的被调查者在食品上的支出分别为 715 元、673 元、613 元和 580 元，分别占女性总样本的 30.0%、26.6%、24.8%和 24.5%。

（2）交通和通信、居住支出的比例偏大。新生代农民工进城打工后在交通和通信的支出比重较大，这主要由没有上下班的日常车费和返乡路途的车船费构成，新生代农民工进城打工的城市不局限于居住地所在的省城或是临近的省城，他们中的部分人居住地和打工所在地的距离横跨了大半个中国，他们消费中的交通费用支出与进城前相比，比例增大。进城后的农民工平常与家人联系的工具主要是手机，这增加了通信费的支出。进城后的新生代农民工，绝大多数没有拥有打工所在地的房子，房屋租赁费用成了消费支出中的一部分。

（3）文化和娱乐支出不足。文化和娱乐于收入的关联度最低，新生代农民工对文化知识的学习和人际交往的认识有待提高，以进一步提高个人自身素质。总体来说，新生代农民工进城后收入增加，但是在文化和娱乐上的支出依然较小，这种状况下的新生代农民工精神生活单调乏味。由于时间和精力的不足，新生代农民工很少看书学习，相对较大的工作强度下的新生代农民工在工作之余，需要更多的时间去休息和调节身体机能。除此以外，低收入是限制他们进入娱乐场所的另一个重要原因，这导致了新生代农民工枯燥、乏味的业余生活。结合个案调查结果，新生代农民工除了上班、睡觉和吃饭外，剩余时间多是玩手机和打牌。新生代农民工中有 42.%的人文化程度是初中，年龄分布主要集中在 20～25 岁，占总体样本的 48.8%。总体来说，新生代农民工接受教育培训的意愿较低，因此，此类消费支出较低，他们的精神生活应该被引起重视。

4. 打工区域对收入和消费的影响

本书除了对我国新生代农民工的在进城打工后的消费水平和消费结构进行分析，还分地区考察了我国新生代农民工的收入水平和消费水平。我国地大物博，人口众多，不同地区的经济、自然、文化和风俗等都存在着一定的差异。这种差异将直接或间接影响着新生代农民工的收入来源和收入水平，以及他们的消费需求和消费水平。这里主要以传统的做法，将新生代农民进城打工所在地划分为东、中、西部和东北四个地区。但本书调查中东北地区样本极少，样本主要分布在其他3个地区。

（1）区域对收入的影响。从调查情况看，新生代农民工打工所在城市的经济发展程度与收入呈正相关关系。中国东部地区是中国经济社会最发达的区域。我国改革开放初期，政府让中国东部地区先富起来，如深圳特区的开发带动了珠江三角洲的快速发展。东部地区交通便利、经济发达、技术先进，其就业面广泛，生活压力较大，工资收入水平较高。调查结果显示，在东部地区打工的新生代农民工收入水平略高于中部、西部。在东部地区，人均年收入在万元以下的比例最低，人均年收入在5万以上的最多。男性人均年收入在5万元以上的占东部地区的36.4%，女性占19.3%。

中国中部地区是中国经济发展的第二梯队，其经济状况稍差。调查显示，打工区域在中部地区的农民工，男性人均年收入水平主要集中在3万~4万元，占中部地区总体的31.7%；其次是人均年收入水平在4万~5万元，占29.3%；收入在1万元以下的比例高于同等收入下的东部地区，收入在1万~2万元和2万~3万元的比例较少。女性的人均年收入主要集中在3万~4万元和4万~5万元，占32.6%。

中国西部地区地域辽阔，总体来说经济欠发达，其发展不均衡。虽然“西部大开发”把东部沿海地区的剩余经济发展能力，用以提高西部地区的经济和社会发展水平、巩固国防，用来带动西部地区的发展。但是目前为止，与中部、东部相比，西部地区还有很大的发展空间。从调查结果来看，西部地区的新生代农民工，男性人均年收入集中在2万~3万元，占西部地区的30.5%，较高收入占比15.1%，女性人均年收入在1万元以下的占6.3%，年收入主要集中在2万~3万元，占34.8%，其次是3万~4万元，占25.4%。

总体来说，从打工城市区域来看，不同区域的新生代农民工，其收入水平存在差异，在东部地区打工的收入最高，其次是中部地区，最后是西部地区。从性别来看，相同打工区域的男性收入高于女性。男性收入集中在5万元以上，占男性总样本的25.9%，女性收入集中在2万~3万元，占女性总样本的

28.7%，如表 3-14 所示。

表 3-14　　2016 年人均年收入占比的区域分布　　单位:%

性别	地域分布	2016 年年收入					
		<1 万元	1 万~2 万元	2 万~3 万元	3 万~4 万元	4 万~5 万元	>5 万元
男	东部地区	1.1	4.0	5.9	16.9	35.7	36.4
	中部地区	4.9	2.4	7.3	31.7	29.3	24.4
	西部地区	3.5	3.5	30.5	29.0	18.5	15.1
	总体	2.4	3.7	17.1	23.4	27.4	25.9
女	东部地区	1.0	4.8	21.7	26.6	26.6	19.3
	中部地区	2.3	4.7	20.9	32.6	32.6	7.0
	西部地区	6.3	9.8	34.8	25.4	13.9	9.8
	总体	3.9	7.4	28.7	26.4	20.3	13.2

（2）区域对消费的影响。受经济、自然、文化和消费观念等因素的影响，不同区域的新生代农民工的消费水平和消费结构存在差异。东部地区的新生代农民工生活消费水平较高，中部地区次之，西部地区较低。在东部地区打工的新生代农民工，收入水平与其他两个地区相比较高，其消费水平也排在前列。东部地区物价水平较高，从而提高了新生代农民工的消费支出。在东部地区，人均年消费支出大于 3 万元的比例最大，其中男性占男性总样本的 40.4%，女性占女性总样本的 40.9%。人均年消费在 1 万元以下的最少，男性占比为 8.8%，女性占比为 7.3%。就中部地区而言，被调查者的消费支出主要集中在 2 万~3 万元，男性占男性总样本的 36.6%，女性占女性总样本 32.6%，消费金额在 1 万元以下的最少，其中男性占男性总样本的 7.3%，女性占女性总样本的 7.0%。就西部地区而言，消费金额主要集中在 1 万~2 万元，男性占男性总样本的 38.0%，女性占女性总样本的 39.5%。消费金额在 3 万以上的则相对较少。就新生代农民工进城打工的城市所在区域来看，经济越发达、消费水平越高的地区，消费金额越大，反之则越小；就性别来看，消费差异并不明显，详见表 3-15。

表 3-15　　2016 年人均年消费支出占比的区域分布　　单位:%

性别	地域分布	2016 年年消费			
		<1 万元	1 万～2 万元	2 万～3 万元	>3 万元
男	东部地区	8.8	29.2	21.5	40.4
	中部地区	7.3	31.7	36.6	24.4
	西部地区	10.8	38.0	30.0	21.2
	总体	9.6	33.4	26.5	30.5
女	东部地区	7.3	28.0	23.8	40.9
	中部地区	7.0	32.6	32.6	27.9
	西部地区	10.1	39.5	27.8	22.5
	总体	9.0	35.3	26.9	28.8

5. 被调查者储蓄情况

（1）储蓄金额。储蓄是大多数农民工剩余收入处置的方式。新生代农民工进城打工后，收入高于进城之前，剩余可支配余额增多。就个案调查结果得到，农民工都有尽可能存钱的习惯，主要是为了子女读书、防老和预防疾病，储蓄款的存在，也减少了子女的负担。未来的不确定性、收入的不稳定性是导致农民工选择储蓄的重要原因。但新生代农民工与传统的农民比，在储蓄方面存在差异，主要是新生代农民工年纪较小，生活压力较轻，家庭负担较小，再加上新生代农民收入较低、消费较高的原因，导致新生代农民工每月储蓄金额在当月收入中的比例较小。

调查结果显示，新生代农民工每月储蓄金额在 1000 元以上最多，占有效样本的 29.1%，其次是储蓄金额在 500～1000 元的，占 28.7%，其次是 0～100 元的，占 16.4%；其中储蓄金额在 200～300 元的最少，仅占 6.6%，详见表 3-16。

表 3-16　　进城后每月储蓄金额统计情况

储蓄金额	频数（次）	比例（%）
0～100 元	142	16.4
100～200 元	62	7.2

续表

储蓄金额	频数（次）	比例（%）
200～300 元	57	6.6
300～500 元	104	12.0
500～1000 元	248	28.7
1000 元以上	251	29.1
合计	864	100.0

不同年龄的新生代农民工储蓄金额存在差异，就男性而言，20 岁以下的人每月储蓄金额在 0～100 元的最多，占样本总量的 1.2%，在 200～300 元和 500～1000 元的最少，占 0.2%；年龄段在 20～25 岁的男性储蓄金额在 1000 元以上的最多，占 9.8%，在 100～200 元的最少，占 0.3%；年龄段在 26～30 岁的男性中，储蓄金额在 1000 元以上的最多，占 5.7%，储蓄金额在 100～200 元的最少，占 0.6%；年龄段在 30 岁以上的男性储蓄金额在 1000 元以上的最多，占 4.2%，储蓄金额在 200～300 元的最少，占 0.6%。就女性而言，20 岁以下的每月储蓄金额在 1000 元以上的最多，占样本总量的 0.6%，储蓄金额在 300～500 元的最少，占 0.2%；年龄段在 20～25 岁的女性储蓄金额在 500～1000 元的最多，占 8.1%，最少是储蓄金额在 100～200 元的，占 2.3%；年龄段在 26～30岁的女性的储蓄金额在 500～1000 元的最多，占 3.5%，储蓄金额在 200～300 元的最少，占 0.9%；年龄段在 30 岁以上的女性储蓄金额在 500～1000 元的最多，占 3.6%，储蓄金额在 200～300 元的最少，占 0.5%，详情见表 3－17。

表 3－17　　不同年龄打工者每月储蓄金额统计情况

性别	年龄	金额	频数（次）	比例（%）	合计
男	20 岁以下	0～100 元	10	1.2	2.5
		1000 元以上	3	0.3	
		100～200 元	3	0.3	
		200～300 元	2	0.2	
		300～500 元	3	0.3	
		500～1000 元	2	0.2	

续表

性别	年龄	金额	频数（次）	比例（%）	合计
男	20～25 岁	0～100 元	38	4.4	25.3
		1000 元以上	85	9.8	
		100～200 元	3	0.3	
		200～300 元	5	0.6	
		300～500 元	30	3.5	
		500～1000 元	58	6.7	
	26～30 岁	0～100 元	22	2.5	14.4
		1000 元以上	49	5.7	
		100～200 元	5	0.6	
		200～300 元	8	0.9	
		300～500 元	8	0.9	
		500～1000 元	32	3.7	
	30 岁以上	0～100 元	7	0.8	10.2
		1000 元以上	36	4.2	
		100～200 元	9	1.0	
		200～300 元	5	0.6	
		300～500 元	10	1.2	
		500～1000 元	21	2.4	
女	20 岁以下	0～100 元	4	0.5	2.4
		1000 元以上	5	0.6	
		100～200 元	3	0.3	
		200～300 元	3	0.3	
		300～500 元	2	0.2	
		500～1000 元	4	0.5	
	20～25 岁	0～100 元	36	4.2	24.4
		1000 元以上	35	4.1	
		100～200 元	20	2.3	
		200～300 元	22	2.5	
		300～500 元	28	3.2	
		500～1000 元	70	8.1	

续表

性别	年龄	金额	频数（次）	比例（%）	合计
女	26 ~ 30 岁	0 ~ 100 元	16	1.9	11.5
		1000 元以上	19	2.2	
		100 ~ 200 元	11	1.3	
		200 ~ 300 元	8	0.9	
		300 ~ 500 元	15	1.7	
		500 ~ 1000 元	30	3.5	
	30 岁以上	0 ~ 100 元	9	1.0	9.1
		1000 元以上	19	2.2	
		100 ~ 200 元	8	0.9	
		200 ~ 300 元	4	0.5	
		300 ~ 500 元	8	0.9	
		500 ~ 1000 元	31	3.6	
合计			864	100	100

（2）被调查者储蓄的目的。被调查者将其每个月的部分收入不用于食品、衣着、交通和通信等支出，而是积累起来。凯恩斯认为，货币需求基于三个动机：交易动机、谨慎动机和投机动机。新生代农民工的储蓄货币主要基于交易动机和谨慎动机，交易动机用来以应付个人、家庭的日常交易需要，谨慎动机用于预防事故、失业、疾病等意外的支出。

在剔除无效答案后的 835 个样本中，他们储蓄的最主要目的是为了子女教育，占样本总量的 23.4%；其次是为了其他类的支出，占 17.7%；消费占 16.9%；用作医疗费用和回家盖房的比例各占 11.1% 和 12.1%。被调查者年龄集中在 20 ~ 25 岁，他们中的大部分人不会将储蓄的钱用于养老，除了以上三个目的外，将用于租房、供弟妹读书、自己学习培训等的支出。用于供弟妹读书的最少，占 1.9%，其次是自己学习培训，占 2.0%，用于租房占 3.0%，为了防止失业占 4.4%，详见表 3 – 18。

表 3 – 18　　被调查者进城后储蓄目的统计情况

储蓄目的	频数（次）	比例（%）
子女教育	195	23.4

续表

储蓄目的	频数（次）	比例（%）
医疗费用	93	11.1
回家盖房	101	12.1
养老	62	7.4
租房	25	3.0
防止失业	37	4.4
供弟妹读书	16	1.9
消费	141	16.9
自己学习培训	17	2.0
其他	148	17.7
合计	835	100.0

具体来看，不同年龄段的被调查者储蓄的目的有差异，男性中，年龄在20岁以下的被调查者储蓄最多的是用于消费和其他项的支出，占样本总体的0.7%，最少是供弟妹读书，占0；年龄段在20～25岁的被调查者用于消费的最多，占6.5%，用于租房的最少，占0.4%；26～30岁和30岁以上的被调查者中，储蓄的资金用于子女教育支出最多，分别占2.9%和4.3%，其中26～30岁的被调查者用以防止失业的比例最少，占0.1%，30岁以上的被调查者用于自己学习培训的比例最少，为0。女性中，年龄段在20岁以下的被调查者储蓄资金最多的用于消费和其他，分别占0.6%，用于供弟妹读书、医疗教育、防止失业和子女教育的最少，都为0；而20～25岁的被调查者中最多的是用于消费，占4.9%，最少是为了供弟妹读书，占0.4%；26～30岁的被调查者中储蓄最多的是用于子女教育，占3.7%，用于租房最少，为0；30岁以上的被调查者中储蓄最多的是用于子女教育，占4.8%，最少是用于自己学习培训，占0。

总体来说，被调查者在25岁之前，其储蓄的目的主要是为了消费，这个年龄段的人多处于谈恋爱和结婚的阶段，这方面的消费需求较大，而30岁以后的被调查者储蓄的主要目的是为了子女教育，用于自己培训学习的支出则非常少，结合个案调查结果分析，他们中的大多数文化程度较低，但是自己再学习和接受培训的意愿很小，再加上学习能力较弱，工作强度较大，休息时间较少的原因，导致他们把上学、考学的希望寄托在下一代，并尽力为孩子提供最好的学习空间和学习环境，详见表3－19。

表 3－19　　　　　被调查者进城后储蓄目的详细统计情况

性别	年龄	目的	频数（次）	小计（次）	比例（%）	小计（%）
男	20 岁以下	供弟妹读书	0	22	0.0	2.6
		防止失业	1		0.1	
		回家盖房	5		0.6	
		其他	6		0.7	
		养老	0		0.0	
		消费	6		0.7	
		医疗费用	1		0.1	
		子女教育	1		0.1	
		自己学习培训	1		0.1	
		租房	1		0.1	
	20～25 岁	供弟妹读书	6	210	0.7	25.1
		防止失业	6		0.7	
		回家盖房	28		3.4	
		其他	53		6.3	
		消费	54		6.5	
		养老	8		1.0	
		医疗费用	19		2.3	
		子女教育	29		3.5	
		自己学习培训	4		0.5	
		租房	3		0.4	
	26～30 岁	供弟妹读书	2	114	0.2	13.7
		防止失业	1		0.1	
		回家盖房	22		2.6	
		其他	19		2.3	
		消费	15		1.8	
		养老	10		1.2	
		医疗费用	16		1.9	
		子女教育	24		2.9	
		自己学习培训	2		0.2	
		租房	3		0.4	

续表

性别	年龄	目的	频数（次）	小计（次）	比例（%）	小计（%）
男	30 岁以上	供弟妹读书	2	89	0.2	10.7
		防止失业	1		0.1	
		回家盖房	14		1.7	
		其他	9		1.1	
		消费	4		0.5	
		养老	8		1.0	
		医疗费用	14		1.7	
		自己学习培训	0		0.0	
		子女教育	36		4.3	
		租房	1		0.1	
女	20 岁以下	供弟妹读书	0	20	0.0	2.4
		防止失业	0		0.0	
		回家盖房	2		0.2	
		其他	5		0.6	
		消费	5		0.6	
		养老	1		0.1	
		医疗费用	0		0.0	
		自己学习培训	3		0.4	
		子女教育	0		0.0	
		租房	4		0.5	
	20 ~ 25 岁	供弟妹读书	3	204	0.4	24.4
		防止失业	16		1.9	
		回家盖房	15		1.8	
		其他	44		5.3	
		消费	41		4.9	
		养老	18		2.2	
		医疗费用	17		2.0	
		子女教育	34		4.1	
		自己学习培训	6		0.7	
		租房	10		1.2	

续表

性别	年龄	目的	频数（次）	小计（次）	比例（%）	小计（%）
女	26～30 岁	供弟妹读书	2	98	0.2	11.7
		防止失业	7		0.8	
		回家盖房	11		1.3	
		其他	10		1.2	
		消费	11		1.3	
		养老	7		0.8	
		医疗费用	18		2.2	
		子女教育	31		3.7	
		自己学习培训	1		0.1	
		租房	0		0.0	
	30 岁以上	供弟妹读书	1	78	0.1	9.3
		防止失业	5		0.6	
		回家盖房	4		0.5	
		其他	2		0.2	
		消费	5		0.6	
		养老	10		1.2	
		医疗费用	8		1.0	
		子女教育	40		4.8	
		自己培训学习	0		0.0	
		租房	3		0.4	
合计			835		100	

6. 被调查者超前消费情况

新生代农民工是否超前消费，主要决定于他们的收入与消费支出差额的大小。根据调查结果，在调查样本中，共有 845 位被调查者参与了是否超前消费的调查，其中男性为 445 人，女性为 400 人，超前消费合计 318 人，占样本总量的 38%，未超前消费者合计 527 人，占 62%。其中超前消费中女性占的比重较大，详见表 3－20。

表 3－20　　被调查者进城打工后是否超前消费统计

<table>
<tr><th>选项</th><th>性别</th><th>频数（次）</th><th>比例（%）</th></tr>
<tr><td rowspan="2">是</td><td>男</td><td>151</td><td>47.5</td></tr>
<tr><td>女</td><td>167</td><td>52.5</td></tr>
<tr><td rowspan="2">否</td><td>男</td><td>294</td><td>55.8</td></tr>
<tr><td>女</td><td>233</td><td>44.2</td></tr>
<tr><td colspan="2">总计</td><td colspan="2">845</td></tr>
</table>

总体来看，不同性别的各个年龄段的新生代农民工都有超前消费。具体来说，年龄在 30 岁以上的男性新生代农民工超前消费比重最小，占此年龄段的 24.4%，年龄在 26～30 岁的男性比重最大，占此年龄段的 46.4%。年龄段在 26～30 岁的女性未超前消费比例最小，占此年龄段的 53.6%，年龄段在 30 岁以上的女性为超前消费的比重最大，占此年龄阶段样本总量的 79.3%。男性新生代农民工超前消费的比例随着年龄的增大先增大后减小。年龄段处于 20～25岁的新生代农民工，谈恋爱和结婚的较多，相应地增大了他们在服装、化妆品、娱乐和结婚等的消费支出。而处于 26～30 岁的新生代农民工，个人储蓄供结婚时支出后，储蓄较少，加上需要还因为结婚而欠的贷款，再加上孩子的消费加大了他们的消费支出费用，除了家庭支出部分资金外，借贷是他们的第二选择，由此导致了超前消费，详见表 3－21。

表 3－21　　不同性别、年龄段的新生代农民工进城打工后超前消费统计

<table>
<tr><th>性别</th><th>年龄</th><th>是否超前</th><th>频数（次）</th><th>小计（次）</th><th>比例（%）</th><th>小计（%）</th></tr>
<tr><td rowspan="8">男</td><td rowspan="2">20 岁以下</td><td>是</td><td>10</td><td rowspan="2">37</td><td>27.0</td><td rowspan="2">4</td></tr>
<tr><td>否</td><td>27</td><td>73.0</td></tr>
<tr><td rowspan="2">20～25 岁</td><td>是</td><td>80</td><td rowspan="2">207</td><td>38.6</td><td rowspan="2">24</td></tr>
<tr><td>否</td><td>127</td><td>61.4</td></tr>
<tr><td rowspan="2">26～30 岁</td><td>是</td><td>41</td><td rowspan="2">116</td><td>35.3</td><td rowspan="2">14</td></tr>
<tr><td>否</td><td>75</td><td>64.7</td></tr>
<tr><td rowspan="2">30 岁以上</td><td>是</td><td>20</td><td rowspan="2">82</td><td>24.4</td><td rowspan="2">10</td></tr>
<tr><td>否</td><td>65</td><td>79.3</td></tr>
</table>

续表

性别	年龄	是否超前	频数（次）	小计（次）	比例（%）	小计（%）
女	20 岁以下	是	7	22	31.8	3
		否	15		68.2	
	20～25 岁	是	89	203	43.8	24
		否	114		56.2	
	26～30 岁	是	45	97	46.4	11
		否	52		53.6	
	30 岁以上	是	26	78	33.3	9
		否	52		66.7	
总计				842	100	

7. 被调查者寄钱回老家的情况

（1）金额。关于新生代农民工每个月寄回老家的金额多少的问题，问卷中不是以寄回家钱的具体金额数呈现，而是设置金额区间，供被调查者选择。这种填写问卷的方式尽可能地避免了被调查者填写问卷的随意性，使得问卷结果更接近真实性，从而减少偏差。

根据调查问卷的结果，了解了新生代农民工每月寄钱回家的情况。调查结果显示，72.0% 的新生代农民工都将自己收入的一部分寄回家，寄回的方式包括银行汇款，但不局限于银行汇款。从统计表中可以看出，只有 28.0% 的新生代农民工每月给家里寄钱，其余新生代农民工没有寄钱的原因主要有以下两种情况：第一，这些新生代农民工刚进城不久，收入较低，没有多余的钱寄回家；第二，这些新生代农民工家庭经济状况较好或一般，父母能负担老家的基本支出。在寄钱回家的新生代农民工中，有 26.1% 的寄钱数量在 500 元以上，所占比重较大。寄钱数量在 0～100 元的有 18.5%，寄钱数量在 100～200 元和 200～300 元的较少，分别占 8.3% 和 6.6%，而寄钱数量在 300～500 元的占 12.4%，详见表 3－22。

表 3－22　　给老家寄钱数量统计

金额	频数（次）	比例（%）
0～100 元	158	18.5

续表

金额	频数（次）	比例（%）
100～200元	71	8.3
200～300元	56	6.6
300～500元	106	12.4
500元以上	223	26.1
0	238	28.0
合计	852	100.0

根据调查结果，男性和女性每月汇款数量大体相当，男性样本448人，未寄钱回家的共计128人，占男性样本中的28.6%，寄钱回家的占71.4%；女性样本共404人，其中未寄钱回家的有110人，占女性样本的27.2%，寄钱回家的占72.7%。一般来说，女性收入略低于男性，而男性和女性中寄钱回家的比例相当，女性比男性高1.3%，这说明女性比男性更加关心老家的父母和子女。新生代农民工节约消费，尽力给老家创造好的经济条件，尽力改善家里父母和子女的生活水平。

具体来说，男性中年龄在20岁以下的被调查者未寄钱回家的比例占该年龄段男性样本总量的27.3%，人均每月寄0～100元回家的占40.9%，500元以上的占31.8%。年龄在20～25岁的男性每月未寄钱回家的占此年龄阶段男性样本总量的31.1%，寄钱回家的样本中寄钱数量在0～100元的最多，占20.5%，寄钱数量在200～300元的最少，仅占1.8%。年龄在26～30岁的男性未寄钱回家的占30.9%，寄钱回家的样本中，寄钱数量在500元以上的最多，占此年龄段男性样本总量的25.2%，寄钱数量在100～200元的最少，占8.1%。30岁以上的男性中有19.0%的男性未寄钱回家，寄钱回家的样本中寄钱数量在500元以上的男性占比最大，占33.3%，寄钱数量在200～300元的最少，占8.3%。

女性中，年龄在20岁以下的样本中有27.3%的比例未寄钱回家，寄钱回家的样本中寄钱数量在500元以上的最多，占18.2%，寄钱数量在100～200元、200～300元和300～500元的占比最少，都占9.1%。年龄段在26～30岁的女性中有22.4%的未寄钱回家，寄钱回家的样本中寄钱数量在500元以上的最多，占28.6%，数量在100～200元的最少，占10.2%。30岁以上的女性中有21.5%的女性未寄钱回家，寄钱回家的样本中寄钱数量在500元以上的最多，占27.8%，寄钱数量在200～300元的最少，占5.1%，详见表3－23。

表 3－23　　　　不同性别、年龄的被调查者给老家寄钱金额统计

性别	年龄	金额（元）	频数（个）	小计（个）	比例（%）	小计（%）
男	20 岁以下	0～100	9	22	40.9	2.6
		100～200	0		0.0	
		200～300	0		0.0	
		300～500	0		0.0	
		500 以上	7		31.8	
		0	6		27.3	
	20～25 岁	0～100	45	219	20.5	25.7
		100～200	15		6.8	
		200～300	4		1.8	
		300～500	27		12.3	
		500 以上	60		27.4	
		0	68		31.1	
	26～30 岁	0～100	18	123	14.6	14.4
		100～200	10		8.1	
		200～300	11		8.9	
		300～500	15		12.2	
		500 以上	31		25.2	
		0	38		30.9	
	30 岁以上	0～100	8	84	9.5	9.9
		100～200	8		9.5	
		200～300	7		8.3	
		300～500	17		20.2	
		500 以上	28		33.3	
		0	16		19.0	
女	20 岁以下	0～100	6	22	27.3	2.6
		100～200	2		9.1	
		200～300	2		9.1	
		300～500	2		9.1	
		500 以上	4		18.2	
		0	6		27.3	

续表

性别	年龄	金额（元）	频数（个）	小计（个）	比例（%）	小计（%）
女	20～25岁	0～100	48	205	23.4	24.1
		100～200	15		7.3	
		200～300	17		8.3	
		300～500	17		8.3	
		500以上	43		21.0	
		0	65		31.7	
	26～30岁	0～100	13	98	13.3	11.5
		100～200	10		10.2	
		200～300	11		11.2	
		300～500	14		14.3	
		500以上	28		28.6	
		0	22		22.4	
	30岁以上	0～100	13	79	16.5	9.3
		100～200	10		12.7	
		200～300	4		5.1	
		300～500	13		16.5	
		500以上	22		27.8	
		0	17		21.5	
合计				852	100	

（2）寄钱用途。在调查问卷中，将新生代农民工寄钱回老家的用途的选项设置了四个，分别是子女抚养及教育、赡养老人、偿还债务、修房子或买房。被调查者可以多选。统计情况如表3－24和表3－25。

表3－24　　给老家寄钱用途统计

目的	频数（次）	比例（%）
子女抚养及教育	149	22.6
赡养老人	307	46.5
偿还债务	66	10.0
修房子或买房	138	20.9
合计	660	100.0

表3-25　不同性别、年龄段的给老家寄钱用途统计

性别	年龄	用途	频数（次）	小计（次）	比例（%）	小计（%）
男	20岁以下	偿还债务	3	14	21.4	2.1
		赡养老人	5		35.7	
		修房子或买房	5		35.7	
		子女抚养及教育	1		7.1	
	20~25岁	偿还债务	19	163	11.7	24.7
		赡养老人	72		44.2	
		修房子或买房	54		33.1	
		子女抚养及教育	18		11.0	
	26~30岁	偿还债务	8	97	8.2	14.7
		赡养老人	50		51.5	
		修房子或买房	17		17.5	
		子女抚养及教育	22		22.7	
	30岁以上	偿还债务	7	78	9.0	11.8
		赡养老人	32		41.0	
		修房子或买房	9		11.5	
		子女抚养及教育	30		38.5	
女	20岁以下	偿还债务	1	14	7.1	2.1
		赡养老人	6		42.9	
		修房子或买房	7		50.0	
		子女抚养及教育	0		0.0	
	20~25岁	偿还债务	12	150	8.0	22.7
		赡养老人	70		46.7	
		修房子或买房	37		24.7	
		子女抚养及教育	31		20.7	
	26~30岁	偿还债务	11	82	13.4	12.4
		赡养老人	45		54.9	
		修房子或买房	6		7.3	
		子女抚养及教育	20		24.4	
	30岁以上	偿还债务	5	62	8.1	9.4
		赡养老人	27		43.5	

根据调查结果，此问题总样本为660个，其中寄钱回家用于赡养老人的最多，共计307人，占样本总量的46.5%，其次是用于子女教育，共计149人，占22.6%，这个比例较小的原因之一是新生代农民工平均年龄为26岁，年龄集中在20~25岁，他们中的一部分还没有孩子。其次是用于修房子或买房，共计138人，占20.9%，用于偿还债务的最少，共计66人，占10.0%。在调查样本中，调查对象都是1980年及以后出生的新生代农民工，其中，最大年龄为36岁，最小为16岁，平均年龄为26岁。总体来看，年龄分布主要集中在20~25岁，共计510人，占48.8%；其次是在26~30岁，占25.5%。

赡养老人是新生代农民工寄钱回老家的首要用途。从表3－24中可以看出，被调查者中有307人选择了寄钱用途是为了赡养老人，占样本总量的46.5%。中国文化中的“百善孝为先”在此处得到了体现，在新生代农民工的思想中，进城打工挣钱后优先想到的是家庭，体恤父母在老家的辛苦，为父母提供更好的物质条件。

子女抚养及教育是重要用途，在调查结果中，有22.6%的被调查者寄钱回家的用途是为了子女抚养及教育。在文化程度普遍偏低的新生代农民工，他们进城打工前在农村的收入较低，进城打工后虽然收入上涨，但是工作强度大，工作时间长，这让他们意识到了教育的重要性。就个别被调查者表示：让孩子接受高等教育是改变他们命运的唯一出路。大多农民工宁愿自己省吃俭用，但是只要对孩子学习有用的开支，不管多贵，都愿意承担。他们把家庭的希望大多都寄托在孩子身上，希望孩子能通过学习找到更好的出路，不用再回老家从事种植业、养殖业等，也不希望孩子像他们中的一些人一样居无定所，工作辛苦却挣不到很高的工资。

修房子或买房是大多数新生代农民工需要考虑的问题。138人选择了修房子或买房。对于农村来说，修房子或买房是储蓄的重要目标之一，这是婚姻的基础。新生代农民工在城市打工，他们很难承担打工城市的房价。他们中的大多数都选择在老家的地基修房子，或是在居住地所在的乡镇或者县城购买新房。房子的用途主要有以下几种：第一，自己居住；第二，为孩子将来结婚准备；第三，增值。对于大多数农村家庭来说，房子是家庭财富的象征。

将寄回家的钱用于偿还债款的被调查者共有66人，仅占样本总量的10.0%。债务产生的原因主要是因为子女教育费用、修房或买房的费用、结婚的费用、意外事故和疾病导致的医疗费用。

第 4 章

组群分析和数据处理

4.1 组群分析方法

在本节中，我们重点分析由一系列的独立截面建构而来的聚合数据的组内估计量特征，用这种方法，在组群内的平均值被视为合成面板中的观测所得时，“相似的”个体被按组群分组。组群分析方法由布朗宁等（Browning et al.，1985）与迪顿（Deaton，1985）提出。在这种方法中，“相似”个体被归为一个组群，然后将这些个体内的平均值视为合成面板中的观测值。因为观测的组群总和是对真正组群总体值充满错误的测量。迪顿（1985）提出了一个在弱假设条件下能得到一致估计的误差估计量。

但是，如果每组组群的观测数量较大，那么忽略变量误差问题，使用合成面板把它当作真正的面板还是很有诱惑力的。这在以观测或实验为依据的研究中是惯用手法，例如，布朗宁等（1985），布伦德尔等（Blundell et al.，1989）。本节中，我们分析了在什么程度下这种方法是有依据的。在第二部分，介绍了组群分析的一般模型和迪顿（1985）推导的在忽略测量误差情况下合成面板的标准组内估计量一致性的条件。第三和第四部分则是维贝克和奈曼（Verbeek & Nijman，1992）推导的在一致性条件不能满足的条件下偏差和估计方差的表达式。

4.1.1 组群方法介绍

数据收集分类方法很多，主要有横截面调查和跟踪调查，即面板数据。两者的主要区别在于，前者只对每个个体观测一次，而后者对同一个个体在不同时点上重复观测，这是它的优势。由于成本、操作难度等种种原因，社会科学中绝大多数数据都来自横截面调查，高质量的跟踪调查数据非常难得。因为跟踪调查数据能让研究者在统计模型中控制更多的因素，例如无法观测的异质性和样本选择性，其研究结果往往更为可信。所以很多学者尝试通过充分利用横截面数据以获得类似于跟踪调查数据的结果。

大量的微观研究较少，其中一个很大的原因是数据收集上存在困难，研究者往往要跟踪一个个体 10 年甚至更长时间才能得到完整的数据，如此长的跟踪调查耗费巨大，而且会导致很高的失访率，从而影响最终的数据使用及结论的有效性。

在实证研究中，对家庭部门的调查数据都是采取了样本轮换的做法，而不是对一个特定家庭做长期观测，形成了具有连续时间序列特性的独立截面数据。利用此类数据可以跟踪某一特定“组群”随时间变化的平均行为。这样，在研究家庭经济行为特征时，尽管我们无法做到对一个特定家庭的经济行为做终生观测，但是可以通过分析“一类家庭”平均行为特征的方法来分析家庭经济行为，这种方法在实证研究中被称为组群分析。这一技术是通过样本的组群来构造合成面板数据。

一般来说，组群的定义是根据观测样本所具有的固定特征，该固定特征不会随时间发生变化，例如，个体的出生年份和性别。在实证研究中，组群通常是由个体的出生年份定义的，而在以家庭为观测对象的研究中，组群的定义通常是根据家庭户主的出生年份。在给出组群的定义后，“组群值”是该组群内所有观测值的均值。在实证研究中，该方法首次被布朗宁等（1985）采用，维贝克和奈曼（1992）分析了这种方法的适用条件。通过利用真实面板数据以及利用合成面板数据的实证结果进行比较，他们发现合成面板数据使用的有效性取决于两个条件：其一，每个组群内的观测个体的数量应该足够大（100 个或 200 个观测个体）；其二，每一个组群的组群均值应当具有足够的随时间的变化性。尽管组群分析方法是因为缺乏真实的面板数据，但是，利用合成面板数据的实证研究并不必然地导致实证结果的不可信。相反，这种方法相对于面板数据而言具有两种优势：可处理样本损失以及测量误差问题。合成面板数据的构造是根据每年调查的新样本，并不依赖于样本是否具有面板数据特征，因此，样本损失问题不存在。此外，使用样本均值的方法可以降低奇异观测个体的影响，使得测量误差减少（迪顿，1985）。事实上，组群分析方法扩展了TSICS数据的使用，在实证研究中，合成面板数据是宏观研究和微观研究的桥梁，可以同时分析与“商业周期”相关的变化和与生命周期相关的变化（布朗宁等，1985）。

4.1.2　组群数据的估计

对于个体效应与解释变量不相关的随机效应模型，由于每个个体在样本中并不重复出现，可认为样本在截面和时间维度两个方面都是独立同分布的，直接用普通最小二乘法混合回归来估计重复的截面数。因此，只需普通标准误，不需要考虑聚类稳健标准误。

对于个体效应与解释变量相关固定效应模型，混合回归将得不到一致估计量。而且，组内估计法（FE）与一阶差分（FD）也无法进行估计，因为每位个体在样本中只出现一次。因此，可进行“组群分析”，即将样本中的拥有共同特征的个体组成若干固定的“组群”，构建成为“伪面板”或“合成面板”，达到控制固定效应的目的。

考虑下面的线性模型：

$$y_{it} = x_{it}\beta + \theta_i + \varepsilon_{it}, t = 1, \cdots, T \tag{4-1}$$

其中，i 代表个体，t 代表时期，θ_i 是个体效应，β 是被解释变量 x_{it} 的系数。全书中，我们假定 $E\{\varepsilon_{it} \mid x_{js}\} = 0$ 适用于所有 $s,t = 1,\cdots,T$ 和所有 i,j。在每个时期，都可获得 N 个个体的观测值。我们假定数据组是一系列独立截面数据。

对于个体效应与解释变量不相关的随机效应模型，由于每个个体在样本中并不重复出现，可认为样本在截面和时间维度两个方面都是独立同分布的，直接用普通最小二乘法混合回归来估计重复的截面数。因此，只需普通标准误，不需要考虑聚类稳健标准误。对于个体效应与解释变量相关固定效应模型，混合回归将得不到一致估计量。而且，组内估计法（FE）与一阶差分（FD）也无法进行估计，因为每位个体在样本中只出现一次。

迪顿（1985）建议使用组群的方法使用“组群分析”来得到式（4－1）中的 β 的一致估计量。如果重复截面数据可得，个体效应与解释变量相关。将样本中拥有共同特征的个体组成若干固定的“组群”，构建成为“伪面板”或

“合成面板”，达到控制固定效应的目的。

式（4－1）中，θ_i 与 x_{it} 相关，θ_i 为个体固定效应。这时组内估计法或一阶差分法对 θ_i 无能为力，由于每位个体仅仅出现一次。我们假设样本中所有个体可以按照某种特征分为 C 个组群，并记组群的下标为 $c = 1,\cdots,C$。一个组群由拥有共同特征的一组个体所组成，其成员是固定不变的。比如，可以按照出生年份来区分组群，“80后”组群指的是在1980～1989年出生的人，而“90后”组群指的是在1990～1999年出生的人。

将由组群数据构成的“面板数据”取平均值，可以得出：

$$\bar{y}_{ct} = \bar{x}_{ct}\beta + \bar{\theta}_{ct} + \bar{\varepsilon}_{ct}, c = 1,\cdots,C; t = 1,\cdots,T \tag{4-2}$$

式（4－2）中，$\bar{y}_{ct}$ 和 $\bar{x}_{ct}$ 分别是 t 时期内，组群 C 中所有观测值 y_{it} 和 x_{it} 的平均值。这样得到的数据是一组在 T 时间段内重复观测的 C 组群构成的“合成面板”或“伪面板”。式（4－2）模型估计的主要问题是在于 $\bar{\theta}_{ct}$ 取决于 t，但 $\bar{\theta}_{ct}$ 无法观测，并有可能和 $\bar{x}_{ct}$ 相关。因此，把 $\bar{\theta}_{ct}$ 视为随机的（并与解释变量无关），有可能导致非一致估计量；如果将它视为非随机变量，则会带来不可识别问题，除非 t 时期忽略 $\bar{\theta}_{ct}$ 变量。从直觉角度讲，如果每个同期组群中的观察结果数目非常大，那么后一种将更适合。

迪顿（1985）采用了另一种方法来解决该问题，设式（4－1）中 g 为决定个体的组群归属的变量，即第 i 个个体属于组群 c，如果 $g \in I_c$，其中 I_c 为一个集合。

确定了组群的归属，对方程（4－1）两边求条件期望可得：

$$E(y_{it} | g_i \in I_c) = E(x'_{it} | g_i \in I_c)\beta + E(\theta_i | g_i \in I_c) + E(\varepsilon_{it} | g_i \in I_c) \tag{4-3}$$

以星号来表示以上的条件期望，即无法观测的“组群的总体平均值”(population cohort average)，有：

$$y^*_{ct} = x^*_{ct}\beta + \theta^*_c + \varepsilon^*_{ct}, c = 1,\cdots,C; t = 1,\cdots,T \tag{4-4}$$

这里 $\theta^*_c \equiv E(\theta_i | g_i \in I_c)$ 是组群固定效应，不随时间变化而变化，因为总体组群在所有时期内都包含相同的个体，衡量的是不同组群之间的异质性差异。假设 ε^*_{ct} 与 x^*_{ct} 不相关，但由于 θ_i 与 x_{it} 相关，故 θ^*_c 也与 x^*_{ct} 相关，因此模

型（4 –4）也是固定效应模型。如果总体组群平均值可观测，通过使用由 T 时间段内观测到的 C 组群组成的面板估计式（4 –4）中的 β。较为具体地：

使用“组群时点平均值” $\bar{y}_{ct}$ 与 $\bar{x}_{ct}$ 来替代不可观测的组群的总体平均值，在一段时间内，取一个组群中某个个体变量的平均值。因此，在式（4 –2）中，$\bar{y}_{ct}=\frac{1}{n_{ct}}\sum_{g_{it}\in I_c} y_{it}$，第 c 个组群所包含的个体数为 n_c；$\bar{x}_{ct}'$，$\bar{\theta}_c$，$\bar{\varepsilon}_{ct}$ 的定义类似。显然，新的误差在这个替代过程出现了，如 $\bar{y}_{ct}=y_{ct}^*+\zeta_{ct}$，$\bar{x}_{ct}=x_{ct}^*+v_{ct}$。如果每个组群在每个时点上的观测值足够多，上面提到，“测量误差”可以在组群中某个时点的观测值足够多的时候被忽略。此时，用组内估计法估计式（4 –5），$\bar{\theta}_c$ 可被消去，从而得到参数 β 的一致估计量。也即，将（$\bar{y}_{ct}-\bar{y}_c$）对（$\bar{x}_{ct}-\bar{x}_c$）进行 OLS 回归，其中 $\bar{y}_c\equiv\frac{1}{T}\sum_{t=1}^{T}\bar{y}_{ct}$，$\bar{x}_c\equiv\frac{1}{T}\sum_{t=1}^{T}\bar{x}_{ct}$ 为给定组群内对时间进行平均。但是，如果每个组群在某时点上的观测值不够多，测量误差就要进行调整。

我们可以把观测到的组群平均数 $\bar{y}_{ct}$ 和 $\bar{x}_{ct}$ 视为真正的含有测量误差的总体组群平均值 y_{ct}^* 和 x_{ct}^* 的替代。迪顿（1985）推断 $\bar{y}_{ct}$ 和 $\bar{x}_{ct}$ 中的测量误差服从 y_{ct}^* 和 x_{ct}^* 真实值的独立、均值为零的正态分布，即：

$$\begin{pmatrix}\bar{y}_{ct}\\ \bar{x}_{ct}\end{pmatrix}\sim N\left(\begin{pmatrix}y_{ct}^*\\ x_{ct}^*\end{pmatrix}\begin{pmatrix}\sigma_{00} & \sigma'\\ \sigma & \sum\end{pmatrix}\right) \tag{4 –5}$$

估计式（4 –4）中 β 的一种方法是分析式（4 –4）、式（4 –5）中的模型，将其视为一个存在测量误差的模型。如果同期组群模拟模型的行向量标记为 d_c，而相应参数的列向量标记为 $\theta^*=(\theta_1^*,\cdots,\theta_C^*)'$，那么迪顿（1985）提出的变量内误差估计量可通过式（4 –6）得出：

$$\begin{pmatrix}\tilde{\theta}\\ \tilde{\beta}\end{pmatrix}=\left(\sum_{c=1}^{C}\sum_{t=1}^{T}\begin{pmatrix}d'_c & d'_c\bar{x}_{ct}\\ \bar{x}'_{ct}d_c & \bar{x}'_{ct}\bar{x}_{ct}-\hat{\sum}\end{pmatrix}\right)^{-1}\left(\sum_{c=1}^{C}\sum_{t=1}^{T}\begin{pmatrix}d'_c\bar{y}_{ct}\\ \bar{x}'_{ct}\bar{y}_{ct}-\hat{\sigma}\end{pmatrix}\right) \tag{4 –6}$$

式（4 –6）中 $\hat{\sum}$ 和 $\hat{\sigma}$ 是基于所有个体观察结果的 $\sum$ 和 σ 的估计量。如果下面假设成立的话，那么当观察值 CT 数量趋于无限，估计量 $\tilde{\beta}$ 就会与 β 一致；而如果每个同期组群（TN/C）的总观察值数目趋于无限，那么 $\tilde{\theta}$ 就会与

θ^* 一致。

推论 4.1 解释变量人口均值的矩量矩阵是非奇的。

$$\underset{CT\to\infty}{\text{plim}}\frac{1}{CT}\sum_{c=1}^{C}\sum_{t=1}^{T}\begin{pmatrix} d'_c d_c & d'_c \bar{x}_{ct} \\ \bar{x}'_{ct} d_c & \bar{x}'_{ct}\bar{x}_{ct} - \hat{\Sigma} \end{pmatrix} \tag{4-7}$$

如果每组群的观测数量不太小，那么忽略变量误差问题，就可尝试估计式（4-2）来推断人口和样本均值相等。β 的估计量是合成面板上的内部估计量 $\hat{\beta}_W$，由下得出：

$$\hat{\beta}_W = \left(\sum_{c=1}^{C}\sum_{t=1}^{T}(\bar{x}_{ct}-\bar{x}_c)'(\bar{x}_{ct}-\bar{x}_c)\right)^{-1}\left(\sum_{c=1}^{C}\sum_{t=1}^{T}(\bar{x}_{ct}-\bar{x}_c)'(\bar{y}_{ct}-\bar{y}_c)\right) \tag{4-8}$$

$\bar{x}_c$ 是 $\bar{x}_{ct}$ 的时间平均值，也就是 $\bar{x}_c = \frac{1}{T}\sum_{t=1}^{T}\bar{x}_{ct}$，$\bar{y}_c$ 也是类似定义的。使用式（4-2）能够容易地显示 $\hat{\beta}_W$ 在式（4-9）成立的情况下是非偏的。

$$E\{\bar{\theta}_{ct} - \bar{\theta}_c \mid \bar{x}_{ct} - \bar{x}_c\} = 0 \tag{4-9}$$

推论 4.2 解释变量的观测组群平均值的矩阵是非奇的。

$$\underset{CT\to\infty}{\text{plim}}\frac{1}{CT}\sum_{c=1}^{C}\sum_{t=1}^{T}(\bar{x}_{ct}-\bar{x}_c)'(\bar{x}_{ct}-\bar{x}_c) \tag{4-10}$$

有一点需要重点指出的是，推论 4.2 是由推论 4.1 引申出来的，但反之则不成立。如果 θ_i 是独立于 x_{it}（所有 t 时间段内）或者平均个体效应 θ_i 不随时间变化而变化的话（$\bar{\theta}_{ct} = \bar{\theta}_c$），条件（4-9）将被满足。如果每组群的观测数量 N/C 足够大，倾向于假设后一种条件成立。注意到每组群越来越多的观测数量暗示着合成板中观测数量的减少，因此，带来合成面板中内部估计量方差的增加。显然，组群的最佳选择将取决于它对方差的影响和对偏差的影响。

4.1.3 组群选择对偏差的影响

这里论证“每个组群观测数量足够大时，可以忽略变量误差问题”的合理性（布朗宁等，1985）。假设每组群 N/C 观测数量是固定。为了简化分析结果，我们通过大 C 和大 N 的渐进法得到有限的样本的近似偏差。数值校验显示，当 C 不太小（10~20）时，这种接近是准确的。在这部分，我们将提取

$\hat{\beta}_W$ 中的偏差，用于只有一个解释变量的线性模型的特殊情况。

$$y_{it} = \beta x_{it} + \theta_i + \varepsilon_{it} \qquad (4-11)$$

x_{it} 是标量变量。根据张伯伦（1984）的研究，我们推断 x_{it} 和 θ_i 的依赖关系有如下特点。

推论 4.3 个体效应 θ_i 与 x 的关系为：

$$\theta_i = \lambda \bar{x}_i + \xi_i \qquad (4-12)$$

此处 $E\{\xi_i | x_{it}\} = 0, t = 1, \cdots, T$ ，并且 $V\{\xi_i\} = \sigma_\xi^2$ 。

接下来，在推论 4.2 和推论 4.3 中，$\lambda = 0$ 是 $\hat{\beta}_W$ 一致性的充分条件，就如在式（4－2）中，组群效应 $\bar{\theta}_{ct}$ 与回归量无关一样。我们推断组群按以下方法建构。

推论 4.4 组群被定义在绝对连续分布变量 Z 的偏差上，变量 Z 独立分布于个体间，将方差归一化。此外，组群的选择，比如说（无条件的）被选进某一特别组群的概率对所有组群而言都是一样的。

根据这个推论，Z 的密度被划分为有相同概率质量的 C 个间隔，这意味着所有组群样本中的成员数大概相同。在实践中，变量 Z 可能不仅仅取决于一个根本变量。应该注意的是 Z 的选择是受限制的。首先，Z_i 对于每个个体 i 来说，不应随时间变化而变化，因为个体不能从一个组群转移到另一组群。其次，对所有样本中的个体 Z_i 都能被观测。后者排除了例如“1988 年工资收入”或“1990 年 1 月 1 日家族规模”这样的变量，因为这些变量不能观测到样本中的所有个体。在应用中诸如出生日期、性别等变量会被用来定义组群。

为满足推论 4.1 和推论 4.2，需要不同组群和（或者）不同时间的真正的组群的平均值。为了建立模型，我们推断 x_{it} 和 Z_i（个体水平上）的关系满足下面的公式：

推论 4.5 回归变量 x_{it} 和 Z_i 在下面形式中相关联：

$$x_{it} = \mu_t + \gamma_t z_i + \nu_{it} \qquad (4-13)$$

式（4－13）中，v_{it} 与 Z_i 不相关，它的期望为零，σ_v^2 为常数。它们的关系随时间变化呈现的特征是：$E\{v_{it}v_{is}\} = Q\sigma_v^2$ ，$s \neq t$ 。μ_t 是未知的不变常数（固定时间效应）。

在推论 4.1、推论 4.3、推论 4.4 和推论 4.5 中，组内估计量 $\hat{\beta}_W$ 的渐进偏差由式（4－14）得出：

$$\underset{C\to\infty}{\text{plim}}(\hat{\beta}_W - \beta) = \lambda\left[\frac{1+(T-1)Q}{T}\right]\frac{\tau\omega_2}{\omega_1+\omega_2} = \delta \tag{4-14}$$

其中，$\tau = (T-1)/T$，ω_2 是 $\hat{x}_{ct}$ 中测量误差的方差，即：

$$\omega_2 = \underset{C\to\infty}{\text{plim}}\frac{1}{CT}\sum_{c=1}^{C}\sum_{t=1}^{T}(\bar{x}_{ct} - x_{ct}^*)^2 = n_c^{-1}\sigma_v^2 \tag{4-15}$$

n_c 是每组群（N/C）的个体数量①，ω_1 是真正的组群组内方差。

$$\begin{aligned}\omega_1 &= \lim_{C\to\infty}\frac{1}{CT}\sum_{c=1}^{C}\sum_{t=1}^{T}(x_{ct}^* - \bar{x}_c^*)^2 \\ &= \frac{1}{T}\sum_{t=1}^{T}\left(\mu_t - \frac{1}{T}\sum_{s=1}^{T}\mu_s\right)^2 + \frac{1}{T}\sum_{t=1}^{T}\left(\gamma_t - \frac{1}{T}\sum_{s=1}^{T}\gamma_s\right)^2\end{aligned} \tag{4-16}$$

且 $\bar{x}_c^* = \frac{1}{T}\sum_{t=1}^{T}x_{ct}^*$。

从推论 4.5，可以容易检查出推论 4.1 意味着 $\omega_1 > 0$，而推论 4.2 意味着 $\omega_1 + \tau\omega_2 > 0$。要注意的是 $\omega_1 > 0$ 需要满足 μ_t 或 γ_t 随 t 的变化而变化。如果不是这种情况，则迪顿的估计量的误差的概率极限不存在，而估计量的组内偏差是最大的，即：

$$\underset{C\to\infty}{\text{plim}}(\hat{\beta}_W - \beta) = \lambda\left[\frac{1+(T-1)Q}{T}\right] = \delta_{\max} \tag{4-17}$$

它与组群规模不相关。选择更大的组群（减少 ω_2）仅仅在 $\omega_1 > 0$ 的条件下会降低偏差。因为 ω_2 是 n_c 的减函数，如果每个组群中的观测量尽可能大，那么组内估计量的偏差将达到最小值。

如果 ω_1/σ_v^2 不太小，则当 n_c 相当大时，实际偏差将大大小于最大偏差。考虑一下当 $\omega_1/\sigma_v^2 = 0.5$ 的情况。如果组群中观测成员数达到 100 或 100 以上，那么可以轻松计算出偏差将低于最大偏差的 2%。如果 ω_1/σ_v^2 只有 0.05 的话，对于规模达到 100 及以上的组群来说，偏差最大占到最大偏差的 17%。

4.1.4 组群选择对方差的影响

在前面，我们已经展示了如果每个组群观测数量足够大，那么合成面板的

① 如果组群的大小不相等，则应首先按组群大小的平方根对观察结果进行重新加权（迪顿，1985）。

组内估计量的偏差可能较小。但是，每个组群逐渐增加的观测数量意味着合成面板（CT）观测数量的减少，以及最终 $\hat{\beta}_W$ 方差的变小。在这部分，我们将更细致地分析选择组群数量对方差的影响。此外，我们将证明 $\hat{\beta}_W$ 的真实方差和它常规估计方差的概率极限之间的区别仅仅是因为偏差在起作用。

$\hat{\beta}_W$ 的渐进方差可被写为：

$$V\{\hat{\beta}_W\} = \frac{1}{CT}(\omega_1 + \tau\omega_2)^{-2}V^* \tag{4-18}$$

此处：

$$V^* = \lim_{C\to\infty} V \quad 1$$

$$\bar{\sigma}^2 = \underset{C\to\infty}{\text{plim}}\hat{\sigma}^2 = \sigma_{\varepsilon}^2 n_c^{-1} + \sigma_{\theta}^2 - \delta^2(\omega_1 + \tau\omega_2)^{-1} \tag{4-24}$$

它低估了真正的误差方差 $(\sigma_{\zeta}^2 + \sigma_{\varepsilon}^2)n_c^{-1}$ 。利用式（4-24），$\hat{\beta}_W$ 的估计方差的概率极限也可被写为：

$$\bar{V}\{\hat{\beta}_W\} = \frac{1}{CT}[(\sigma_{\theta}^2 + \sigma_{\varepsilon}^2 n_c^{-1})(\omega_1 + \tau\omega_2)^{-1} - \delta^2] \tag{4-25}$$

从上面的公式可清楚知道，真实方差和估计方差的概率极限之差为 $2\delta^2/CT$，所以，如果偏差 δ 小的话，它们之间的区别也不会太大。

尽管组群分析被证明能得到一致回归估计量，在实证中也得到了应用和验证，但也存在一些缺陷（陈强，2014）：第一，组群内个体的同质性假定可能过强，因为组群的界定有一定的任意性；第二，由于组群的规模并不完全一致，如将个体数据加总平均为组群数据，将导致信息的散失，可能出现异方差问题；第三，建立在 $C\to\infty$ 基础上的大样本理论在组群的个数 C 不大的情况下可能会失效。

4.2 数据来源及处理

4.2.1 数据来源

本书研究的样本数据来源于三个方面：北京师范大学公布的“中国家庭收入调查”（China Household Income Survey，CHIPS）、中山大学公布的“中国劳动力动态调查”（China Labor - force Dynamic Survey，CLDS）和中国人民大学公布的“中国综合社会调查”（Chinese General Social Survey，CGSS）。

CHIPS 调查了城镇和农村住户 1988 年、1995 年、2002 年、2007 年和 2013 年的城镇居民和农村居民个人生活状况信息、家户信息及一些经济指标，2002 年以后的调查增加了对流动人口的调查。2002 年调查数据中城镇家庭包含 20632 个个体信息和 6835 个家户信息。农村地区包含 37969 个个人信息和 9200 个家户信息。流动人口的个人有 5327 个观察值，家户信息有 2000 个观察值。2007 年调查数据包含 5000 个流动人口家庭、8000 个农村家庭和 5000 个城镇家庭样本。2008 年调查数据包含 5000 个流动人口家庭、8000 个农村家庭和 5000 个城镇家庭样本。与前一年数据可以形成面板数据。流动人口样本来自课题组自行设计的抽样框，涉及了出现在城镇和农村调查中的 9 个省（区、市）15 个城市。2013 年调查数据按照东、中、西分层，根据系统抽样方法抽取得到样本。样本覆盖了从 15 个省（区、市）126 个城市 234 个县区抽选出的 18948 个住户样本和 64777 个个体样本，其中包括 7175 户城镇住户样本、11013 户农村住户样本和 760 户外来务工住户样本。城镇和农村样本来自国家统计局每年的常规住户调查大样本库，根据地区代表性和随机抽样两个原则，子样本的选取严格按照随机原则从大样本中选取，保证对大样本中所涉及省（区、市）的覆盖。

CLDS 通过对城乡以社区为追踪范围的家庭每两年的追踪调查，系统地监测村/居社区的社会结构和劳动力及其家庭的变化与相互影响，收集和建立中国社会劳动力、家庭和社区这 3 个层次的变动趋势的追踪资料数据库，内容涵盖教育、工作、迁移、健康、社会参与、经济活动、基层组织等众多研究议题，是一项跨学科的大型追踪调查。2011 年在广东省进行试调查，2012 年进行全国基线调查，2014 年、2016 年进行追踪调查。2011 年该项目以广东为范围开展了试调查，调查涉及 8 个区县的 32 个村居，获取有效问卷 2466 份，家庭问卷 799 份，劳动力个体问卷 1635 份。2012 年涉及对全国范围内 303 个村居、10612 个家庭以及 16253 个劳动力个体的访问。2014 年开展第一次追踪调查，对 2012 年访问的村居、家庭以及个体进行追踪访问。由于采用了轮换样本追踪方式，2014 将有 101 个新的村居进入调查范围，2016 年有 96 个新增社区进入调查范围。CLDS 调查采用的是分层四阶段不等概率抽样，具体为将中国共 2282 个区县单位作为初级抽样单元（PSU）构成调查总体，划分为 6 大层进行抽样。CLDS 特点是：覆盖议题广泛，对劳动力所在家庭的人口结构、家庭财产与收入、家庭消费等方面开展了调查；代表层次多样，2016 年样本覆盖中国 29 个省（区、市），样本规模为 401 个村居、14226 户家庭、21086 个个体，具有全国代表性、东中西部代表性；抽样设计科学，CLDS 采用多阶段、多层次、与劳动力规模成比例的概率抽样方法，轮换样本追踪方式，能同时兼顾横截面调查的特点。

CGSS 系统、全面地收集社会、社区、家庭、个人多个层次的数据，是我国最早的全国性、综合性、连续性学术调查项目。CGSS 已进行了 2003 年、2005 年、2006 年、2008 年、2010 年、2011 年、2012 年、2013 年、2015 年等年份的调查。CGSS 第二期（2010～2019 年）的抽样设计采用多阶分层概率抽样设计，其调查点覆盖了中国大陆所有省级行政单位。在全国一共抽取了 100 个县（区）和 5 个大城市，作为初级抽样单元。其中在每个抽中的县（区），随机抽取 4 个居委会或村委会；在每个居委会或村委会又计划调查 25 个家庭；在每个抽取的家庭，随机抽取一人进行访问。在全国一共调查 480 个村/居委会，每个村/居委会调查 25 个家庭，每个家庭随机调查 1 人，总样本量约为 12000。调查的 12000 个人中，有 50% 是保持不变的，以进行追踪调查。另外 50% 每年在村/居委会内重新抽取。

4.2.2 数据处理

真正的面板数据是非常难得到的，因为在数据收集上困难很大。往往一个面板数据要跟踪 10 年甚至更长时间的个体，除了经济上的成本巨大外，许多不可预测因素往往会导致跟踪失败，比如个体迁移、死亡、拒绝再访等原因造成较高的失访率，数据的质量会大受影响。因此人们经常对家庭/个体层级的调查数据进行轮换，这就避免了对一个特定家庭或个人的长期追踪。

另一种数据的处理方式就是采用组群方法。这种方法不需要对某些个体的长时间追踪，甚至也不需要对个体进行轮换。组群方法利用横截面数据跟踪某一特定“组群”随时间变化的平均行为。尽管难以对一个特定个人/家庭的经济行为作终生观测，但是可以通过分析“某一类个人/家庭”平均行为特征的方法来分析其经济行为。观测样本中固定不变的特征如出生年份和性别等可以用来定义不同的组群。例如家庭户主在 1970～1974 年出生的组群，在 2002 年调查时年龄是 28～32 岁，2009 年调查时年龄是 35～39 岁，2015 年调查时年龄是 41～45 岁，虽然 2009 年和 2015 年的被调查家庭不一定是最初 2002 年被调查的那些家庭，但是后来的那些家庭被认为是可以代表最初的家庭的。随后对各调查年的群中家庭消费支出求均值，可得到一个 1970～1974 年出生的群的家庭消费支出的时间序列。对于不同的群，我们就可以构造一个家庭消费支出的伪面板数据。

一个组群数据中需要保持一定的样本量，否则会导致估计的非有效和非一致性。通常人们将以年龄定义的组群按照相邻出生年份，如 1980～1982 年或

1980～1984年所谓的年份的“带宽”来设置组群。这样做的好处是能在一个组群中保有足够的样本量。但是在本书研究中，考虑到样本数量，我们将1年设置为一个带宽。黄娅娜（2014）的研究发现，组群中样本量分别为10、50、100时得到的估计结果差异并不大。所以本书研究中的每个组群中样本量大于或等于10个。样本年龄分布在15～54岁，年龄最大的家庭户主出生在1948年，2002年时年龄为54岁，年龄最小的家庭户主出生在1993年，2015年时的年龄为22岁。

由于CHIPS、CLDS和CGSS并不是完全的面板数据，我们可以根据需要将某些调查年度得到的数据视为横截面数据，通过组群的方法得到不同年份出生的农民工和城镇家庭消费支出的非连续“伪面板”数据。时间跨度为2002～2015年，具体为2002年、2007年、2008年、2009年、2011年、2013年、2014年和2015年。其中，2002年、2007年、2008年是CHIPS数据，2013年是CHIPS和CLDS混合数据，2011年、2015年是CLDS数据，2009年、2014年是CGSS数据。

据此，伪面板可构造如下：观测样本选取出生于1948～1993年的农民工家庭的户主或主事者，以1年时间跨度为带宽，共得到46个组群，并区分了老一代农民工与新生代农民工的组群，它们分别为32个和14个组群。

本书研究对农民工的定义符合国家统计局的标准：具有农村户口，已经离开户口所在地半年以上且在城市工作的农村流动人口。通常在研究消费问题时很难将一个家庭中个人的消费支出完全从整个家庭中剥离出来，因此研究对象为农民工家庭的消费支出。需要说明的是，并不是具有血缘关系的成员才构成一个家庭，本书将共同居住、经济共用的家庭（无论有无血缘关系）视作一个农民工家庭。按户主或主事者（指在家庭消费中具有决策权的人）的出生年份作为定义组群的标准。农民工及城镇居民家庭消费支出是指家庭消费性支出，是依据国家统计局颁布的《居民消费支出分类（2013）》（见附录）定义的调查户用于本家庭日常生活的全部支出，包括食品、衣着、居住、家庭设备用品及服务、医疗保健、交通和通信、娱乐教育文化服务、其他商品和服务八大类，也包括用于赠送的商品或服务。其中居住支出包括租房支出、装修支出等，不包括购买商品房的支出。

1. 农民工、城镇居民样本省（区、市）分布

表4－1显示，2002～2015年各调查年份，在删除了缺失和无记录及某些关键信息漏缺的样本户后，最后得到有农民工有效样本共16908个。除西藏外，全国有31个省、直辖市、自治区（不包括港澳台地区）在各调查年份均有样本取得。2002年湖北样本量最多，共197个；2007年广西样本量最多，共996个；2008年、2011年、2013年、2015年4个调查年广东样本量最多，分别为1000个、286个、452个和392个；2009年、2014年山东样本量最多，分别为166个和42个。在8个调查年份中，样本数量前三位分别是广东、江苏和浙江，样本数量分别为2433个、1567个和1542个；样本数量后三位分别是西藏、宁夏和天津，样本数量分别为0个、19个、28个。

表4－1　农民工样本省份分布

省份	2002年	2007年	2008年	2009年	2011年	2013年	2014年	2015年	合计
北京	91	0	0	26	5	63	27	9	221
天津	0	0	0	4	7	13	2	2	28
河北	0	0	0	58	4	11	24	7	104
山西	135	0	0	56	9	106	17	7	330
内蒙古	0	0	0	8	4	7	3	8	30
辽宁	181	0	0	48	16	63	19	17	344
吉林	0	0	0	41	24	12	21	5	103
黑龙江	0	0	0	53	9	5	26	10	103
上海	0	501	509	15	10	9	0	12	1056
江苏	189	560	617	86	8	47	39	21	1567
浙江	0	597	662	83	59	60	25	56	1542
安徽	195	537	536	60	0	36	33	27	1424
福建	0	0	0	40	23	42	15	34	154
江西	0	0	0	57	1	7	22	9	96
山东	0	0	0	166	5	40	42	7	260
河南	187	538	561	67	14	75	22	38	1502
湖北	197	394	401	96	35	102	23	19	1267
湖南	0	0	0	54	34	59	27	27	201
广东	193	0	1000	90	286	452	20	392	2433

续表

省份	2002 年	2007 年	2008 年	2009 年	2011 年	2013 年	2014 年	2015 年	合计
广西	0	996	0	40	1	6	15	6	1064
海南	0	0	0	32	0	0	0	0	32
重庆	98	397	493	24	0	39	13	1	1065
四川	146	397	391	96	6	25	24	13	1098
贵州	0	0	0	56	1	6	3	10	76
云南	147	0	0	56	12	45	16	24	300
西藏	0	0	0	0	0	0	0	0	0
陕西	0	0	0	36	11	11	16	22	96
甘肃	142	0	0	37	3	27	8	14	231
青海	0	0	0	17	6	11	4	12	50
宁夏	0	0	0	9	1	5	3	1	19
新疆	0	0	0	11	33	33	0	35	112
小计	1901	4917	5170	1522	627	1417	509	845	
总计	16908								

表 4－2　给出了城镇居民样本的省份分布情况。

表 4－2　　城镇居民样本省份分布

省份	2002 年	2007 年	2008 年	2009 年	2011 年	2013 年	2014 年	2015 年	合计
北京	386	0	0	335	94	594	91	190	1690
天津	0	0	0	258	122	153	65	123	721
河北	0	0	0	49	88	104	18	134	393
山西	496	0	0	138	59	481	29	65	1268
内蒙古	0	0	0	13	91	119	3	102	328
辽宁	546	0	0	236	117	433	63	213	1608
吉林	0	0	0	161	62	53	38	80	394
黑龙江	0	0	0	218	55	92	66	94	525
上海	0	444	417	232	120	115	91	165	1584

续表

省份	2002 年	2007 年	2008 年	2009 年	2011 年	2013 年	2014 年	2015 年	合计
江苏	473	423	396	215	32	446	46	86	2117
浙江	0	475	452	160	86	40	47	103	1363
安徽	389	440	430	63	14	337	14	129	1816
福建	0	0	0	114	88	62	21	133	418
江西	0	0	0	124	32	26	28	45	255
山东	0	0	0	163	90	427	46	197	923
河南	470	469	454	125	111	487	37	99	2252
湖北	563	303	291	187	190	508	33	182	2257
湖南	0	0	0	140	69	311	34	141	695
广东	483	629	601	58	398	594	70	475	3308
广西	0	0	0	92	17	16	14	54	193
海南	0	0	0	32	0	0	0	0	32
重庆	231	312	288	46	56	345	8	49	1335
四川	466	487	467	144	88	259	27	69	2007
贵州	0	0	0	128	41	46	12	86	313
云南	489	0	0	40	74	354	9	91	1057
西藏	0	0	0	21	0	0	0	0	21
陕西	0	0	0	80	109	91	17	155	452
甘肃	293	0	0	33	55	249	7	55	692
青海	0	0	0	51	70	44	18	86	269
宁夏	0	0	0	38	52	41	10	39	180
新疆	0	0	0	65	143	224	0	216	648
小计	5285	3982	3796	3759	2623	7051	962	3656	
总计	31114								

2. 农民工和城镇居民组群样本（见表4－3和表4－4）。

表4－3　　农民工1年带宽“组群—年份”单元内样本量

出生年份（组群）	2002年年龄	2002年样本量	2007年年龄	2007年样本量	2008年年龄	2008年样本量	2009年年龄	2009年样本量	2011年年龄	2011年样本量	2013年年龄	2013年样本量	2014年年龄	2014年样本量	2015年年龄	2015年样本量	小计
1948	54	13	59	11	60	20	61	7	63	5	65	3	66	4	67	3	66
1949	53	10	58	10	59	10	60	12	62	3	64	8	65	1	66	11	65
1950	52	17	57	18	58	15	59	8	61	4	63	8	64	5	65	7	82
1951	51	15	56	10	57	21	58	12	60	3	62	9	63	3	64	6	79
1952	50	14	55	17	56	25	57	13	59	8	61	14	62	3	63	7	101
1953	49	29	54	18	55	25	56	18	58	8	60	7	61	1	62	7	113
1954	48	21	53	22	54	24	55	17	57	5	59	18	60	7	61	6	120
1955	47	24	52	27	53	24	54	20	56	6	58	13	59	4	60	3	121
1956	46	27	51	26	52	26	53	16	55	7	57	19	58	7	59	15	143
1957	45	36	50	26	51	34	52	22	54	8	56	17	57	8	58	15	166
1958	44	39	49	36	50	37	51	29	53	5	55	21	56	6	57	17	190
1959	43	23	48	30	49	34	50	16	52	7	54	17	55	5	56	6	138
1960	42	22	47	42	48	32	49	20	51	8	53	16	54	7	55	8	155
1961	41	29	46	41	47	30	48	20	50	6	52	18	53	3	54	11	158
1962	40	40	45	60	46	75	47	51	49	12	51	44	52	6	53	18	306
1963	39	88	44	95	45	97	46	52	48	15	50	33	51	14	52	25	419
1964	38	74	43	74	44	86	45	50	47	13	49	34	50	13	51	22	366

续表

出生年份（组群）	2002年年龄	2002年样本量	2007年年龄	2007年样本量	2008年年龄	2008年样本量	2009年年龄	2009年样本量	2011年年龄	2011年样本量	2013年年龄	2013年样本量	2014年年龄	2014年样本量	2015年年龄	2015年样本量	小计
1965	37	107	42	97	43	101	44	47	46	14	48	48	49	11	50	25	450
1966	36	94	41	89	42	106	43	55	45	19	47	35	48	13	49	17	428
1967	35	93	40	88	41	94	42	50	44	21	46	42	47	16	48	23	427
1968	34	91	39	139	40	144	41	54	43	21	45	52	46	15	47	28	544
1969	33	97	38	117	39	130	40	51	42	24	44	43	45	9	46	28	499
1970	32	111	37	140	38	136	39	50	41	27	43	53	44	15	45	35	567
1971	31	107	36	142	37	145	38	60	40	18	42	61	43	10	44	26	569
1972	30	84	35	123	36	125	37	68	39	23	41	42	42	12	43	27	504
1973	29	109	34	130	35	136	36	50	38	9	40	48	41	17	42	35	534
1974	28	75	33	118	34	145	35	67	37	16	39	70	40	14	41	33	538
1975	27	76	32	125	33	128	34	36	36	17	38	45	39	11	40	26	464
1976	26	67	31	146	32	154	33	51	35	26	37	45	38	13	39	21	523
1977	25	60	30	101	31	110	32	33	34	18	36	33	37	12	38	16	383
1978	24	39	29	136	30	140	31	34	33	14	35	34	36	10	37	18	425
1979	23	46	28	124	29	159	30	41	32	18	34	33	35	14	36	27	462
1980	22	32	27	168	28	146	29	43	31	17	33	31	34	11	35	16	464
1981	21	13	26	154	27	173	28	34	30	19	32	41	33	16	34	23	473

续表

出生年份（组群）	2002年年龄	2002年样本量	2007年年龄	2007年样本量	2008年年龄	2008年样本量	2009年年龄	2009年样本量	2011年年龄	2011年样本量	2013年年龄	2013年样本量	2014年年龄	2014年样本量	2015年年龄	2015年样本量	小计
1982	20	13	25	202	26	210	27	39	29	25	31	54	32	10	33	16	569
1983	19	13	24	203	25	180	26	32	28	29	30	19	31	8	32	35	519
1984	18	13	23	205	24	204	25	32	27	17	29	35	30	16	31	15	536
1985	17	11	22	221	23	243	24	37	26	15	28	34	29	18	30	24	603
1986	16	0	21	260	22	279	23	37	25	14	27	31	28	14	29	19	654
1987	15	0	20	311	21	291	22	30	24	21	26	40	27	17	28	17	727
1988	14	0	19	304	20	259	21	32	23	18	25	31	26	13	27	19	676
1989	13	0	18	204	19	244	20	31	22	13	24	33	25	12	26	18	555
1990	12	0	17	194	18	213	19	19	21	10	23	24	24	22	25	17	499
1991	11	0	16	105	17	103	18	16	20	4	22	18	23	18	24	20	284
1992	10	0	15	33	16	47	17	10	19	5	21	16	22	12	23	5	128
1993	9	0	14	0	15	12	16	0	18	3	20	12	21	6	22	11	46
合计		1871		4944		5172		1522		618		1402		482		827	
总计																	16838

注：表4-3与表4-1的样本总量不一致是因为表4-1中某些样本的年龄并没有达到15岁，或样本量不足10个，故没在表4-3的统计范围内，下同。

表 4－4 城镇居民 1 年带宽“组群—年份”单元内样本量

出生年份（组群）	2002年年龄	2002年样本量	2007年年龄	2007年样本量	2008年年龄	2008年样本量	2009年年龄	2009年样本量	2011年年龄	2011年样本量	2013年年龄	2013年样本量	2014年年龄	2014年样本量	2015年年龄	2015年样本量	小计
1948	54	164	59	88	60	0	61	63	63	55	65	52	66	25	67	73	520
1949	53	162	58	99	59	0	60	95	62	54	64	73	65	21	66	117	621
1950	52	196	57	103	58	100	59	87	61	73	63	58	64	31	65	116	764
1951	51	195	56	122	57	123	58	70	60	68	62	60	63	15	64	98	751
1952	50	226	55	116	56	109	57	102	59	79	61	79	62	27	63	118	856
1953	49	248	54	126	55	132	56	94	58	74	60	65	61	28	62	100	867
1954	48	307	53	173	54	175	55	88	57	80	59	79	60	31	61	110	1043
1955	47	264	52	137	53	143	54	95	56	77	58	75	59	26	60	108	925
1956	46	271	51	152	52	147	53	89	55	75	57	230	58	23	59	102	1089
1957	45	245	50	183	51	178	52	108	54	80	56	240	57	29	58	123	1186
1958	44	290	49	134	50	135	51	101	53	77	55	225	56	29	57	85	1076
1959	43	166	48	114	49	108	50	82	52	51	54	158	55	27	56	83	789
1960	42	206	47	139	48	137	49	84	51	66	53	194	54	22	55	90	938
1961	41	169	46	99	47	96	48	61	50	51	52	147	53	21	54	63	707
1962	40	190	45	159	46	161	47	121	49	90	51	301	52	23	53	134	1179
1963	39	328	44	216	45	217	46	147	48	120	50	343	51	35	52	167	1573
1964	38	270	43	141	44	145	45	100	47	77	49	289	50	28	51	122	1172

续表

出生年份（组群）	2002年年龄	2002年样本量	2007年年龄	2007年样本量	2008年年龄	2008年样本量	2009年年龄	2009年样本量	2011年年龄	2011年样本量	2013年年龄	2013年样本量	2014年年龄	2014年样本量	2015年年龄	2015年样本量	小计
1965	37	185	42	122	43	125	44	106	46	51	48	255	49	34	50	93	971
1966	36	179	41	109	42	107	43	93	45	72	47	240	48	24	49	93	917
1967	35	164	40	102	41	107	42	87	44	65	46	220	47	20	48	91	856
1968	34	148	39	131	40	124	41	98	43	94	45	310	46	19	47	108	1032
1969	33	153	38	143	39	141	40	102	42	77	44	280	45	26	46	110	1032
1970	32	151	37	135	38	135	39	132	41	85	43	277	44	28	45	127	1070
1971	31	119	36	109	37	113	38	98	40	64	42	237	43	17	44	100	857
1972	30	85	35	108	36	112	37	117	39	89	41	260	42	14	43	111	896
1973	29	65	34	102	35	105	36	95	38	87	40	257	41	14	42	81	806
1974	28	54	33	93	34	93	35	85	37	62	39	218	40	23	41	94	722
1975	27	37	32	93	33	95	34	86	36	69	38	206	39	23	40	95	704
1976	26	20	31	87	32	84	33	85	35	63	37	191	38	13	39	64	607
1977	25	8	30	82	31	81	32	89	34	43	36	171	37	14	38	50	538
1978	24	7	29	70	30	67	31	79	33	50	35	177	36	19	37	67	536
1979	23	6	28	55	29	57	30	83	32	62	34	140	35	18	36	71	492
1980	22	5	27	43	28	42	29	81	31	55	33	153	34	25	35	53	457
1981	21	1	26	35	27	40	28	70	30	44	32	135	33	20	34	52	397

续表

出生年份（组群）	2002年年龄	2002年样本量	2007年年龄	2007年样本量	2008年年龄	2008年样本量	2009年年龄	2009年样本量	2011年年龄	2011年样本量	2013年年龄	2013年样本量	2014年年龄	2014年样本量	2015年年龄	2015年样本量	小计
1982	20	1	25	30	26	26	27	84	29	48	31	131	32	19	33	50	389
1983	19	0	24	15	25	16	26	76	28	37	30	97	31	12	32	34	287
1984	18	0	23	11	24	12	25	78	27	28	29	80	30	10	31	38	257
1985	17	0	22	0	23	1	24	63	26	37	28	65	29	10	30	48	224
1986	16	0	21	2	22	2	23	60	25	30	27	74	28	19	29	41	228
1987	15	0	20	1	21	1	22	54	24	16	26	63	27	12	28	36	183
1988	14	0	19	3	20	4	21	41	23	20	25	55	26	14	27	25	162
1989	13	0	18	0	19	0	20	36	22	7	24	34	25	9	26	31	117
1990	12	0	17	0	18	0	19	35	21	9	23	32	24	21	25	23	120
1991	11	0	16	0	17	0	18	32	20	2	22	11	23	15	24	25	85
1992	10	0	15	0	16	0	17	23	19	0	21	6	22	12	23	20	61
1993	9	0	14	0	15	0	16	1	18	0	20	5	21	17	22	8	31
合计		5285		3982		3796		3756		2613		7048		962		3648	
总计																	31090

3. 农民工样本特征描述

实际上在观测样本时，不仅要关心消费和收入等核心变量，也要关注其他控制变量，因为控制变量的选择恰当与否，会直接影响估计的准确程度。表 4 －5给出了农民工组群的相关变量特征的描述。

表 4 –5　　农民工样本家庭特征描述

年份	变量	样本数	均值	标准差	最小值	最大值
2002	年龄——岁	1901	34. 2	8. 08	17	58
	男性——人	1513	—	—	—	—
	教育年限——年	1901	8. 1	2. 66	0	16
	家庭规模——人	1901	2. 7	0. 96	1	8
	家庭年收入（元）	1900	16447	16141	600	300000
	家庭年消费（元）	1901	11416	7782	100	104500
2007	年龄——岁	4917	29. 3	9. 92	14	60
	男性——人	3420	—	—	—	—
	教育年限——年	4882	9. 3	2. 38	1	20
	家庭规模——人	4917	1. 7	1. 01	1	6
	家庭年收入（元）	4917	23808	20767	0	387048
	家庭年消费（元）	4917	13808	10496	0	119748
2008	年龄——岁	5170	30. 5	10. 13	15	61
	男性——人	3492	—	—	—	—
	教育年限——年	1226	10. 0	2. 34	1	16
	家庭规模——人	5170	1. 8	1. 08	1	8
	家庭年收入（元）	5170	25454	15936	0	205404
	家庭年消费（元）	5170	16120	11602	0	198984
2009	年龄——岁	1522	37. 5	10. 61	17	65
	男性——人	951	—	—	—	—
	教育年限——年	1522	7. 8	2. 90	0	18
	家庭规模——人	1522	3. 0	1. 43	1	9
	家庭年收入（元）	1426	42184	72801	0	1500000
	家庭年消费（元）	1420	27862	42601	648	949696

续表

年份	变量	样本数	均值	标准差	最小值	最大值
2011	年龄——岁	627	37.6	11.23	15	67
	男性——人	514	—	—	—	—
	教育年限——年	623	7.9	2.74	5	15
	家庭规模——人	620	2.6	1.30	1	8
	家庭年收入（元）	616	52428	55384	0	600000
	家庭年消费（元）	597	29202	31726	0	465116
2013	年龄——岁	1417	40.1	11.09	16	69
	男性——人	1203	—	—	—	—
	教育年限——年	1407	8.7	3.01	0	18
	家庭规模——人	1417	2.9	1.34	0	8
	家庭年收入（元）	1414	62136	171690	-150000	6000000
	家庭年消费（元）	1417	35942	111623	0	3800000
2014	年龄——岁	509	38.2	12.44	17	70
	男性——人	296	—	—	—	—
	教育年限——年	509	8.6	3.66	0	18
	家庭规模——人	509	2.5	1.36	1	7
	家庭年收入（元）	488	82204	241189	0	5000000
	家庭年消费（元）	486	26174	28496	677	293656
2015	年龄——岁	845	41.7	11.64	15	71
	男性——人	728	—	—	—	—
	教育年限——年	—	—	—	—	—
	家庭规模——人	845	3.8	1.82	1	13
	家庭年收入（元）	844	71115	82888	0	1000000
	家庭年消费（元）	845	39628	60487	0	875774

4. 农民工与城镇居民样本消费结构特征描述

表4-6和表4-7分别列出了农民工和城镇居民家庭食品、衣着、居住、家庭设备用品及服务、医疗保健、交通和通信、娱乐教育文化服务、其他商品和服务八大类消费特征描述。

表 4－6　**农民工样本家庭"组群—年份"消费结构特征描述**　单位：元/年

年份	变量	样本数	均值	标准差	最小值	最大值
2002	食物消费	1901	4551	2860. 63	0	37000
	衣着消费	1901	624	756. 31	0	10000
	居住消费	1901	2978	3133. 67	0	38400
	家庭设备及服务消费	1901	281	654. 18	0	10000
	医疗保健消费	1901	607	2218. 98	0	55000
	交通和通信消费	1901	671	1198. 92	0	20000
	娱教和文化消费	1901	847	1489. 51	0	24400
	其他商品和服务消费	1901	267	553. 48	0	10000
2007	食物消费	4947	4142	3398. 15	0	56568
	衣着消费	4947	1653	2236. 49	0	34862
	居住消费	4947	2242	3853. 071	0	90193
	家庭设备及服务消费	4947	1373	2529. 25	0	86856
	医疗保健消费	4947	610	1686. 97	0	35662
	交通和通信消费	4947	1492	2273. 10	0	112966
	娱教和文化消费	4947	694	12629. 67	0	881422
	其他商品和服务消费	4947	206	995. 03	0	21846
2008	食物消费	5177	4169	2728. 94	0	33692
	衣着消费	5177	1937	1932. 85	0	33890
	居住消费	5177	2097	2929. 63	0	40878
	家庭设备及服务消费	5177	1856	3249. 82	0	114494
	医疗保健消费	5177	700	2859. 84	0	169282
	交通和通信消费	5177	1629	2655. 22	0	122158
	娱教和文化消费	5177	776	1893. 08	0	26706
	其他商品和服务消费	5177	416	1037. 46	0	25734
2009	食物消费	1525	5086	5355. 67	0	86439
	衣着消费	1518	2466	5813. 30	0	145129
	居住消费	1493	4500	19908. 28	0	692446
	家庭设备及服务消费	1471	3201	11408. 14	0	197767
	医疗保健消费	1497	1821	6102. 17	0	159434
	交通和通信消费	1513	2119	4847. 62	0	98040
	娱教和文化消费	1468	3398	12890. 12	0	391172
	其他商品和服务消费	1468	2633	7729. 13	0	233214

续表

年份	变量	样本数	均值	标准差	最小值	最大值
2011	食物消费	591	6287	7264.82	0	103403
	衣着消费	0	—	—	—	—
	居住消费	605	2130	5109.88	0	55165
	家庭设备及服务消费	629	651	3682.88	0	74682
	医疗保健消费	608	2250	6423.87	0	87454
	交通和通信消费	612	1632	7620.42	0	136061
	娱教和文化消费	622	2965	5020.58	0	39154
	其他商品和服务消费	606	4621	9374.56	0	131162
2013	食物消费	1437	5456	5508.32	0	89923
	衣着消费	1438	4924	13859.64	0	241324
	居住消费	1438	7005	58201.06	0	1543756
	家庭设备及服务消费	1438	1824	7960.87	0	70481
	医疗保健消费	1408	2091	6509.79	0	101345
	交通和通信消费	1411	3630	20860.60	0	694594
	娱教和文化消费	1438	3655	7974.85	0	206515
	其他商品和服务消费	1438	732	3864.92	0	60810
2014	食物消费	514	3174	2963.81	0	21261
	衣着消费	514	2359	3588.03	0	44553
	居住消费	514	2283	5773.39	0	100847
	家庭设备及服务消费	514	1372	2065.48	0	18009
	医疗保健消费	514	2384	9860.35	0	199700
	交通和通信消费	514	2389	5658.24	0	65878
	娱教和文化消费	514	2827	4888.48	0	35962
	其他商品和服务消费	0	—	—	—	—
2015	食物消费	839	6063	6547.57	0	101225
	衣着消费	0	—	—	—	—
	居住消费	842	2439	5041.26	0	30652
	家庭设备及服务消费	848	585	4156.92	0	105452
	医疗保健消费	840	3047	8673.51	0	92832
	交通和通信消费	0	—	—	—	—
	娱教和文化消费	845	4833	7665.38	0	90213
	其他商品和服务消费	839	6217	31639.11	0	644219

表 4 – 7　　城镇样本家庭“组群—年份”消费结构特征描述　　单位：元/年

年份	变量	样本数	均值	标准差	最小值	最大值
2002	食物消费	5729	6897	3785. 33	451. 41	50356
	衣着消费	5729	1890	1614. 31	0	23797
	居住消费	5729	1816	4358. 10	0	129817
	家庭设备及服务消费	5729	1177	2172. 93	0	55776. 2
	医疗保健消费	5729	1081	1910. 41	0	27691. 9
	交通和通信消费	5729	1929	3223. 40	0	153180
	娱教和文化消费	5729	2993	4128. 42	0	90938
	其他商品和服务消费	5729	614	1104. 58	0	35293
2007	食物消费	3982	9725	7132. 61	0	119834
	衣着消费	3982	3473	3852. 77	0	57432
	居住消费	3982	2548	10498. 25	0	492641
	家庭设备及服务消费	3982	2127	5322. 69	0	144841
	医疗保健消费	3982	2001	4265. 41	0	99577
	交通和通信消费	3982	3393	7847. 84	0	242284
	娱教和文化消费	3982	3821	5871. 02	0	130844
	其他商品和服务消费	3982	1260	2705. 94	0	49927
2008	食物消费	3796	7717	4522. 94	64	54233
	衣着消费	3796	3037	3309. 04	0	79831
	居住消费	3796	2113	2973. 13	0	53958
	家庭设备及服务消费	0	—	—	—	—
	医疗保健消费	3796	1552	2479. 37	0	58971
	交通和通信消费	0	—	—	—	—
	娱教和文化消费	3796	2996	5095. 79	0	97003
	其他商品和服务消费	3796	3764	5262. 10	0	138640
2009	食物消费	3937	6991	23535. 97	0	1397118
	衣着消费	3895	3595	6135. 01	0	99404
	居住消费	3978	2852	5319. 84	0	90091
	家庭设备及服务消费	3893	3879	13207. 88	0	367254
	医疗保健消费	3878	2311	8848. 07	0	317109
	交通和通信消费	3923	2616	5339. 35	0	98040
	娱教和文化消费	3892	4644	15437. 71	0	796716
	其他商品和服务消费	3770	3146	6946. 56	0	162462

续表

年份	变量	样本数	均值	标准差	最小值	最大值
2011	食物消费	2565	6870	5013.93	0	50035
	衣着消费	0	—	—	—	—
	居住消费	2662	3679	11598.31	0	184970
	家庭设备及服务消费	2755	1004	4293.50	0	80958
	医疗保健消费	2668	3469	8518.66	0	143818
	交通和通信消费	2715	2850	12289.08	0	361682
	娱教和文化消费	2717	5681	14891.38	0	328454
	其他商品和服务消费	2629	4608	12695.49	0	217385
2013	食物消费	7218	6346	4720.92	0	91027
	衣着消费	4414	4461	4533.72	0	108240
	居住消费	7284	6037	9901.56	0	256151
	家庭设备及服务消费	7296	2655	8392.50	0	210009
	医疗保健消费	7215	2617	7578.47	0	259622
	交通和通信消费	7228	5240	14184.84	0	255719
	娱教和文化消费	7214	5668	12303.73	0	401408
	其他商品和服务消费	7215	2231	12669.08	0	888308
2014	食物消费	997	6161	19724.15	0	364645
	衣着消费	996	4147	26024.13	0	787265
	居住消费	1019	3869	24367.03	0	523837
	家庭设备及服务消费	1016	3780	30388.69	0	692771
	医疗保健消费	1013	3145	20056.21	0	617081
	交通和通信消费	1015	5794	47229.53	0	880591
	娱教和文化消费	1027	4400	26864.66	0	729099
	其他商品和服务消费	943	4655	26131.45	0	529703
2015	食物消费	3942	7132	9360.84	0	242939
	衣着消费	0	—	—	—	—
	居住消费	3962	2317	5145.83	0	147767
	家庭设备及服务消费	3984	584	2786.65	0	59316
	医疗保健消费	3966	4188	12322.16	0	408358
	交通和通信消费	3982	3632	16651.44	0	534813
	娱教和文化消费	3960	6886	19660.11	0	654217
	其他商品和服务消费	3961	5018	49194.18	0	2973061

第5章

农民工消费习惯形成——分析框架

5.1 城乡消费差异——农民工消费习惯形成的现实基础

农民工是典型的候鸟型居民，游走于城市和农村之间，一方面，受到根深蒂固的农村勤俭、节约、保守的传统消费习惯影响；另一方面，长期在城市工作生活，对城市消费方式耳濡目染，消费行为受到两种不同消费模式的影响，所以既要参照家乡成员或打工群体的消费方式，同时又要参照城市居民的消费方式，最终其消费行为呈现出二元性（于丽敏，2010）。造成农民工城乡消费空间隔离问题的深层因素是制度障碍和身份的区隔（周林刚，2007），从具体原因来看，至少在以下五个方面的差异带来城乡消费的差距，而使农民工消费行为呈现二元性。

5.1.1 城乡消费思维和消费业态发展差异

受到传统的自给自足小农经济观念的约束，农民的消费观念仍然传统、保守，不注重个性化需要的追求，对于“超前消费”的消费观念接受度较低，与消费观念相对更为前卫的城镇居民相比，农村居民更多注重储蓄而非消费。由于缺乏固定的收入来源，心理负担较重，使得其消费欲望不强。尤其老年人大多生活节俭，生活消费支出很低，他们更崇尚节俭，强调居家节俭，把节俭视为持家的准则和生活美德。相对而言，城市居民消费思维更加前卫，随着结构的不断优化升级，消费已从量的满足转向追求质的转变，发展型、享受型消费开始进入消费者视野，如教育、医疗、高级食品、娱乐文化服务等消费。新技术带动了新业态、新模式、新产业的发展，正在创造全新的消费需求。以移动互联网、大数据、云计算为代表的新科技革命推动了消费创新，消费业态、消费场景日益多元，这些技术与商业、金融、教育、医疗、文旅等服务业的融合培育形成一批“互联网+”“人工智能+”“医疗+”“教育+”“休闲+”的消费新模式和新业态，催生了与之相关的新产业，开拓了消费经济新亮点，引领了消费的新增长点。

5.1.2 城乡居民收入差异

根据绝对收入假说理论，消费支出取决于收入水平。我国城乡收入差距仍较为明显，据国家统计局资料显示，2018 年城镇居民人均可支配收入为 39251 元，农村居民人均可支配收入为 14617 元，城乡人均可支配收入差达到 2.69 倍。城镇居民生活水平进入全面小康水平并向富裕迈进，发展型、享受型消费比重明显上升。消费层次递进明显，消费热点多样化，住房、汽车、教育、旅游、娱乐、体育、休闲、通信及数码电子消费等多样化消费品和服务热潮持续升温。虽然农村居民自我消费意识在满足基本生存需求后也在不断增加，但由于受收入所限，相比城市居民有更多后顾之忧，消费仍然较为谨慎和保守。

5.1.3 城乡社会福利差异

福利经济学派认为，实施社会福利保障及其资源配置的公平性能够提高全社会边际消费倾向，刺激居民消费支出，促进全社会消费水平。由于我国户籍二元制度的藩篱，农村居民享有的社会保障很少，加之收入来源单一，受自然环境制约的收入波动性大，预期收入较低，农村居民面临较大的高风险性和未来不确定性，所以有着强烈的预防性储蓄动机，极大地抑制了农村居民消费。

5.1.4 城乡消费基础设施差异

供水、供电、交通和通信设施将增加居民对耐用消费品、电子产品等消费品的购买数量，有利于提高居民消费质量，促进消费结构升级换代。教育设施和医疗卫生设施的建设有利于提高劳动力的文化和身体素质，提高劳动生产率，从而增加收入，提升消费能力。市场生产体系和消费品流通体系的建设有利于降低商品谈判、签订契约等产生的交易成本，有利于交易双方的信息对称，达成最佳的交易价格，商品以最低的价格进入流通市场。也有利于促进厂商之间的竞争，降低居民购买生产资料和消费品的价格，从而提高居民的实际购买力和消费能力。基础设施作为一种能够降低中间投入品固定生产成本的技术，随着分工和中间投入品数量的拓展，经济获得内生增长动力（张从丽，2008）。城市由于各类生产要素的集聚，基础设施建设密集，生产活动能享受基础设施带来的外溢，降低了交易成本，使得交易效率和生产率提高。由于农村空间的分割性和劳动力的分散性，使得农村基础设施不会像城市基础设施那样集中，加之农业生产不连续、依赖自然气候、依托动植物生长周期等生产特点，难以像工业生产那样深化分工（杨小凯，2003）。因此，农业生产效率无法赶上制造业生产效率，导致农业生产收入低下，影响居民消费的提升。

5.1.5　城乡居民消费信贷差异

个人消费信贷对于刺激消费、支持消费结构升级、活跃市场起到积极作用。城市居民由于收入、金融和不动产资产等较农村居民多，有能力进行消费信贷，主要集中在房贷、车贷、旅游、耐用品等方面。相比之下，农村居民消费观念保守、信用意识不足、可抵押的财产和闲散资金较少、收入预期不确定等因素制约了消费信贷的发展，加之农村空间的断隔使居民居住分布较为分散，信息收集成本高，金融机构开展业务困难，导致消费信贷很难在农村真正铺开，抑制了农村居民利用消费信贷进行消费。

不同于农村居民或城市居民“单一”的消费模式，消费行为的二元性影响了农民工的习惯形成，城市消费模式将农民工的习惯形成拉向城市居民习惯形成，而农村消费模式将农民工的习惯形成推回农村居民习惯形成（见图 5 - 1）。

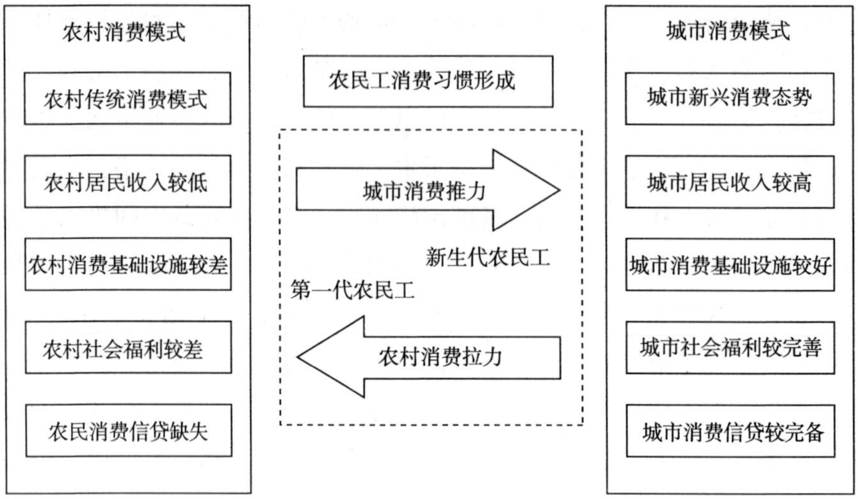

图 5－1　农民工消费习惯形成推拉作用机制

5.2　基于制度演化视角的习惯形成

5.2.1　制度

"不以规矩，无以成方圆"，任何社会或组织的维持和发展都需要一定的规则（这里所指的规则实际上就是制度）。对制度进行定义的话语权在早期是被新制度学派垄断的，舒尔茨认为它是一种行为规则，这些规则涉及社会、政治及经济行为（舒尔茨，1991）。肖特（2003）将社会制度定义为"一种被社会所有成员认同的社会行为的规律性，它规定了在一些特定和经常出现的情况下的行为，它要么自我监督，要么由某种外部权威监督"。由于制度形成是参与者之间共同作用的结果，是博弈过程的产物，后来的学者更多从博弈理论对制度进行分析。如诺斯（1991）将制度视为决定人们的相互关系而人为设定的一些制约，由正式规则和非正式规则构成的社会博弈规则。青木昌彦（2001）则认为，制度是关于博弈重复进行的主要方式的共有信念的自我维系系统。刘易斯（Lewis，1969）也认为，制度是社会协调博弈中的非合作均衡解。而肖特（2003）认为，社会制度是一种社会博弈均衡。可见，制度被认为是人们在经济活动中相互遵守的一种行为规则，是博弈均衡的结果。

习惯也是一种规则，一种制度，它被定义为“所有在正式规则无定义的场合起着规范人们行为的作用的惯例或作为‘标准’的行为”（汪丁丁，1995），而社会习惯是指全体社会成员一致接受的行为规则，它用于规范人们在某种经常出现的情况下的行为，是一种特殊的制度，是自发实施的（刘易斯，1969）。

5.2.2　制度的分类

从制度的形式和实施机制来看，按是否有成文规则及是否有权威性的执行和惩罚机构，分为正式制度和非正式制度。若制度是以非成文形式存在，或虽有成文形式，但没有权威机构执行制度和惩罚违规者，此类制度被称为非正式制度；若制度以成文形式存在，且有权威机构付诸实施，此类制度被称为正式制度。非正式制度有：社会规范、宗教信仰、惯例、习俗和道德伦理等，它是人类社会不可缺少的一类制度，是正式制度的实施基础。如有的民间纠纷不通过法律途径解决，而是依赖非正式规则来处理。

从制度的产生方式（或起源）来看，制度分为内在制度与外在制度。若制度的产生方式是人们经验积累所演化而成，这类制度被称为“内在制度”。人们在经验积累的过程中，发现某些规则可以避免冲突和更好合作，则这种规则会被越来越多的人采用，当超过一定人数的临界点时，该规则会被作为传统而长久保存下去。内在制度包括：伦理规范、交际礼节、惯例、自然法等。若制度的产生是由理性设计出来的，该类制度被称为“外在制度”，如司法制度、计划经济体制等。

5.2.3　习惯——作为一种制度的演化

1. 制度层次的演进

作为一种非正式制度，习惯的发展经历了从个人习惯→惯例→制度的演进过程（韦森，2001）。

（1）习惯。习惯最初通常对应的是个人。个人习惯是在特定刺激或暗示下产生的重复性行为，是社会制度自发演化的基础和逻辑起点（韦森，

2001）。个人习惯受到个体和社会认知的影响，进而演化成为习俗或正式规则，反过来也会影响非正式制度和正式制度的变迁。习惯反映了人的认知，是个体认知的外向显性。个人习惯可以在社会人际交往中通过模仿、学习、复制等方式转换为群体习俗，或成为一种“自发”的社会制度（哈耶克，1973；韦森，2001）。习惯的特征表现为：相对稳定性、先于理性和变化性（黄凯南，2016）。

（2）惯例。惯例是一种非正式约束，表现在一定范围内成员遵从某种形式的契约，多存在一定的组织中。如果一种非正式约束或默契被广泛接受，在组织成员中达成共识或形成利益载体时便会形成惯例，它是在经济或社会活动中人们自愿遵循的社会规则（韦森，2001）。惯例的特征为：惯性和稳定性；自动实施性；场景依赖和专用性；组织和环境、成员之间的互动性（黄凯南，2016）。

（3）制度。如前所述，制度通常被视为博弈规则或博弈的均衡结果。一些学者也将由规则、信念、习俗和组织等组成的规范社会行为的系统视为制度（Greif et al.，2011）。总之，制度是在参与者共同遵守的行为规则、认知规则和价值层面的规则基础上形成的，通过参与者的互动或经济活动开展达到博弈的均衡。

2. 三者的关系

习惯、惯例和制度三者是属于互相联系、有所区别而又层层递进的关系。三者的发展是从个人习惯到惯例规则，再到制度的一个演进过程。习惯与个人行为模式相对应，而惯例对应的是组织成员间的互动，因此习惯是惯例的微观基础，它们之间的连接形成了惯例。制度是比惯例更宽泛的概念，包括正式规则与非正式规则，而惯例通常被认为与非正式规则更相关。惯例的进一步标准化会形成正式制度，正式制度变化反过来会影响惯例的变化。但个体习惯通过个体行为也可能影响制度的生成和演变，制度反之会塑造和影响个体的偏好和习惯。制度一旦成为惯例，甚至内化为所有参与者的个人习惯，参与者便会自觉地遵循制度，制度便会更具有持久性和稳定性。

3. 肖特的制度演化稳定均衡模型

肖特（2003）首次明确采用博弈论对制度创生及其演化进行了数理建模。肖特采用博弈模型展示了“自发秩序”的生成机制，强调制度变迁的动态性和随机性，构建了一个正式的制度创生模型，得到制度的均衡处是一个马尔科夫随机过程的收敛点。

肖特的制度演化稳定均衡模型的逻辑过程是：在参与者的无限次重复的博弈中，一个参与者的行动影响其他参与者对未来的预期，进而影响他人未来的行动。也即，每个参与者是根据以往的历史数据以及偏离共同行为可能会遭受惩罚来决定其将来的“行为方式”，而不是简单地任意选择纯策略或混合策略。因此，参与者在过去的历史数据基础上相互信任和相互合作，建立起一套社会规范。除此以外，为了避免偏离共同行为将会遭受的惩罚，参与者之间要保持行动的一致性。当参与者中的个体的预期与他人的行为趋于一致，个体认知上升到组织或社会的共同认知时，便形成了惯例，惯例的进一步固化便演变成为制度。肖特的制度演化的图示过程可见图 5－2。

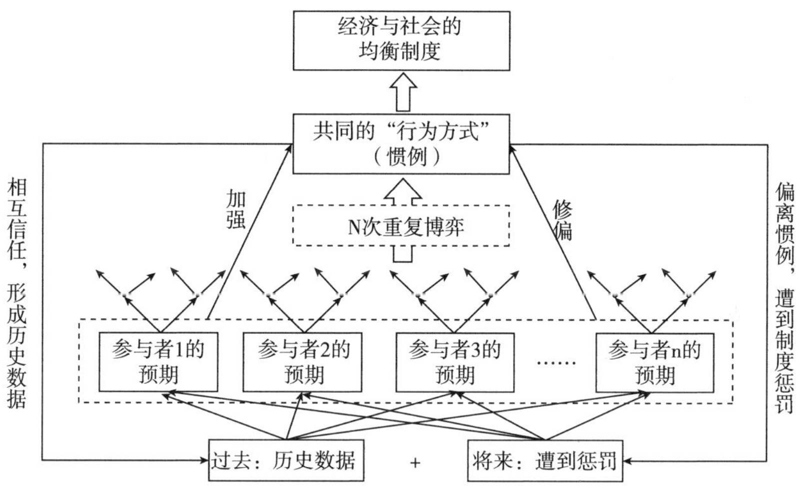

图 5－2　肖特的制度演化稳定均衡模型

5.2.4　主体、层级的共同演化的分析机制

1. 多主体和多层级的演化

参与者个体间的互动形成惯例规则，惯例在组织中的泛化和固化演变成为制度。个体和组织这两个层级的互动生成和演化成为制度，因此个体习惯的演

化影响了制度的演化，反之亦然。制度的演化是多个体和多层次互动形成的，如个体、组织（企业）和社会（或产业），因此存在适应度问题，个体习惯的演化会使制度的适应度发生改变，制度的演化同样也会影响习惯的适应度。

2. “习惯—惯例—制度”的形成演化过程

参照黄凯南（2016）的分析框架，假设一个系统存在三个层级的互动者：个体、组织和社会。个体对应习惯，组织对应惯例，社会对应制度。在个体层级上假设包含 *H*1 和 *H*2 两种习惯，组织包含 *R*1 和 *R*2 两种惯例，社会包含 *I*1 和 *I*2 两种制度。个体间互动形成组织，组织间互动形成社会，（不同）社会间的互动形成一个经济系统或更高级别的社会。由此，一个较复杂的经济系统是由个体、组织和社会三个层级构成的（见图 5－3）。

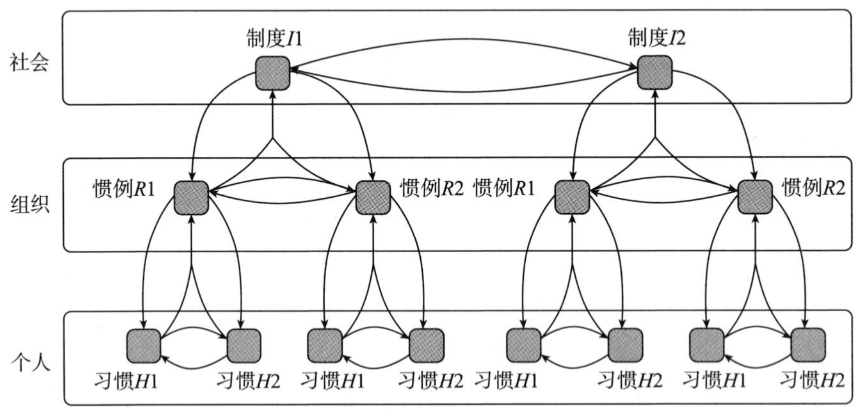

图 5－3　“习惯—惯例—制度”的形成演化过程

假设一个组织间只能内部互动，个体只能在本组织内进行直接互动。同样，组织在一个社会中也只能在本社会内部进行直接互动。此假设隐含的意思是某个层级的参与者与其他层次的参与者只能通过其与更高层次参与者互动而进行间接互动（见图 5－3）。就个人层次而言，习惯 *H* 的适应度不仅受到个体间互动的影响，也会受到组织层次惯例 *R* 的影响。同样，组织层次的惯例 *R* 的适应度受到组织间互动影响，以及个人层次习惯 *H* 和社会层次制度 *I* 的影响。而社会层次制度 *I* 的适应度则受到社会间互动的影响以及组织惯例 *R* 的影响。这里，高一级层次的适应度等于低一层次适应度的平均值。

从图5-3可知，在个体层面上，存在四种情况的习惯演化：$I1R1$ 中的 $H1$ 和 $H2$ 比例的变化，$I1R2$ 中的 $H1$ 和 $H2$ 比例的变化，$I2R1$ 中的 $H1$ 和 $H2$ 比例的变化，$I2R2$ 中的 $H1$ 和 $H2$ 比例的变化。$IiRj$ 中的 Hk 演化的动态模型描述为：

$$\dot{S}_{Hk}^{IiRj} = S_{Hk}^{IiRj}(f_{Hk}^{IiRj} - \bar{f}_{H}^{IiRj}) \tag{5-1}$$

式（5-1）中，S_{Hk}^{IiRj} 表示 $IiRj$ 中的 Hk 的比例，$\dot{S}_{Hk}^{IiRj}$ 表示 Hk 比例随时间的演化；f_{Hk}^{IiRj} 表示 $IiRj$ 中的 Hk 的适应度；$\bar{f}_{H}^{IiRj} = \sum S_{Hk}^{IiRj} f_{Hk}^{IiRj}$ 表示 $IiRj$ 中的习惯 H 的平均适应度。$i = 1,2; j = 1,2; k = 1,2$。

在组织层面，惯例演化的情况略微简单：$I1$ 中的惯例 $R1$ 和惯例 $R2$ 的变化；$I2$ 中的惯例 $R1$ 和惯例 $R2$ 的比例的变化。Ii 中 Rj 的演化的动态描述为：

$$\dot{S}_{Rj}^{Ii} = S_{Rj}^{Ii}(f_{Rj}^{Ii} - \bar{f}_{R}^{Ii}) \tag{5-2}$$

式（5-2）中，S_{Rj}^{Ii} 表示 Ii 中的 Rj 比例，$\dot{S}_{Rj}^{Ii}$ 表示 Rj 比例随时间的演化；f_{Rj}^{Ii} 表示 Ii 中的 Rj 的适应度；$\bar{f}_{R}^{Ii} = \sum S_{Rj}^{Ii} f_{Rj}^{Ii}$ 表示 Ii 中的惯例 R 的平均适应度。

在社会层面，制度 Ii 的演化的动态描述为：

$$\dot{S}_{Ii} = S_{Ii}(f_{Ii} - \bar{f}_{I}) \tag{5-3}$$

式（5-3）中，S_{Ii} 表示制度 Ii 的比例，$\dot{S}_{Ii}$ 描述 Ii 的比例随时间的演化；f_{Ii} 表示 Ii 的适应度；$\bar{f}_{I} = \sum S_{Ii} f_{Ii}$ 表示制度 I 的平均适应度。

前面假设，较高层次的适应度等于低一层级的平均适应度，可得如下适应度关系：

$$f_{Rj}^{Ii} = \bar{f}_{H}^{IiRj} \tag{5-4}$$

$$f_{Ii} = \bar{f}_{R}^{Ii} \tag{5-5}$$

对于整个社会来讲，习惯 Hk 的份额可由加权加总获得：

$$S_{Hk} = S_{I1}S_{R1}^{I1}S_{Hk}^{I1R1} + S_{I1}S_{R2}^{I1}S_{Hk}^{I1R2} + S_{I2}S_{R1}^{I2}S_{Hk}^{I2R1} + S_{I2}S_{R2}^{I2}S_{Hk}^{I2R2} \tag{5-6}$$

将式（5-6）对时间 t 求导，并将式（5-4）和式（5-5）代入，可得：

$$\begin{aligned}\dot{S}_{Hk} = {} & S_{I1}S_{R1}^{I1}S_{Hk}^{I1R1}(f_{Hk}^{I1R1} - \bar{f}_{I}) + S_{I1}S_{R2}^{I1}S_{Hk}^{I1R2}(f_{Hk}^{I1R2} - \bar{f}_{I}) \\ & + S_{I2}S_{R1}^{I2}S_{Hk}^{I2R1}(f_{Hk}^{I2R1} - \bar{f}_{I}) + S_{I2}S_{R2}^{I2}S_{Hk}^{I2R2}(f_{Hk}^{I2R2} - \bar{f}_{I})\end{aligned} \tag{5-7}$$

习惯 R_j 可由加权加总获得：

$$S_{Rj} = S_{I1}S_{Rj}^{I1} + S_{I2}S_{Rj}^{I2} \tag{5-8}$$

同理，方程（5 -8）对时间 t 求导，可得：

$$\dot{S}_{Rj} = S_{I1}S_{Rj}^{I1}(f_{Rj}^{I1} - \bar{f}_I) + S_{I2}S_{Rj}^{I2}(f_{Rj}^{I2} - \bar{f}_I) \tag{5-9}$$

式（5 -3）、式（5 -8）和式（5 -9）描述了习惯、惯例和制度之间多层级的共同演化关系。对于习惯 Hk 来讲，当 f_{Hk}^{IiRj} 的适应度高于经济系统中制度的平均适应度 $\bar{f}_I$ 时，$IiRj$ 中的习惯 Hk 将会使经济系统中的 Hk 比例提升；反之，则会使 Hk 比例下降。同理，当 f_{Rj}^{Ii} 和 f_{Ii} 的适应度高于 $\bar{f}_I$ 时，Ii 中的 Rj 会促使经济系统中的 Rj 和 Ii 的比例上升；反之则下降。当习惯、惯例及制度的适应度等于平均适应度 $\bar{f}_I$ 时，它们的比例不再发生变化。

5.3 农民工习惯形成的演化机制

按照新制度学派的理论，习惯被定义为“所有在正式规则无定义的场合起着规范人们行为的作用的惯例或作为‘标准’的行为”（汪丁丁，1995），是非正式制度的一种，它用于规范人们在某种经常出现的景况下的行为，是自发实施的，是人们经验积累所演化而成。当这种行为被越来越多的人采用，超过一定人数的临界点时，该行为会被作为传统而长久保存下去。进化博弈论认为，习惯可以被参与者自我实施，每个参与者都是随机进行重复博弈，在博弈过程中，参与者会不断调整自己的行为，当所有参与者的处境都得到改善，实现“帕累托优化”，将会达到某种均衡。这种均衡达到以后，习惯便成了一种稳定的制度，不再仅仅限于某个人、某个群体或组织所遵循，而是被整个社会所广泛接受的非正式规则。

习惯是如何发生改变或进行演化的？在现有的习惯形成下，无法获得潜在收益，如果改变现有习惯形成，人们能够获得在原有习惯形成下得不到的收益。也就是说，当外部环境、价格、收入预期、观念等因素发生变化时，如果习惯改变能打破原有均衡，经过参与者重复博弈进入另一个均衡，而后面这个均衡所能达到的效用水平要比前一个要高，习惯变迁和演化完成。当然，转换和替代原有习惯需要时间，因而习惯的演化和变迁是一个缓慢而连续的过程。

为了说明农民工习惯形成的变迁路径，我们来考察在约束条件下个人消费效用函数。效用的一部分来源于对商品消费的满足，另一部分来源于对精神需要的满足，如式（5－10）所示：

$$\max U(x,y)$$
$$s.t.\ P_x(k)x + P_y(k)y = 1 \qquad (5-10)$$

式（5－10）中，$U(x,y)$ 代表个人消费效用函数，x 代表个人获得商品的数量，y 代表个人在当地的精神需要，如体面的职业、社会地位、追求声誉等。在约束条件下，个人的资源禀赋为1，为简便起见，用个人能支配的时间来表示。$P_x(k)$ 代表个人将其资源禀赋（时间）用于生产供消费的商品的单位生产成本，$P_y(k)$ 代表个人将其时间用于建立精神需要上时，精神需要的单位生产成本。k 代表个人的人力资本和社会资本，即个人资本。同样我们也可以建立相类似的式（5－11）、式（5－12）：

$$\max U'(x,y)$$
$$s.t.\ P'_x(k)x + P'_y(k)y = 1 \qquad (5-11)$$
$$\max U''(x,y)$$
$$s.t.\ P''_x(k)x + P''_y(k)y = 1 \qquad (5-12)$$

三个公式的区别在于式（5－10）表示在农村地区的消费效用函数及约束，式（5－11）表示较高的消费效用函数及约束，式（5－12）表示在城市或接近城市的消费效用函数及约束。众所周知，由于受收入、消费观念、消费环境等因素影响，城乡消费水平是有差距的。最低效用均衡位置代表农民工在农村生活时较低的消费习惯水平，中间效用均衡位置代表农民工处于农村—城市之间的消费习惯水平，最高效用均衡位置代表城市或接近城市的消费习惯水平。从低到高的均衡表示消费习惯水平逐渐提高，见图5－4。

进一步地，如果将个人消费者的行为简单地分为两个时期：初期和现期。在初期，假定个人将 t_0 单位时间学习技能用于生产活动以取得商品消费报酬，同时将 $1-t_0$ 时间用于提升自身素质、展开人际交往、努力模仿城里人行为等来满足精神消费的要求。再假定，个人在初期取得的消费不能积累到下一期，即当期即消费完毕。但在初期形成的人力资本与社会资本可以延续到现期。从而，在现期，个人资本的表达式为：$k = k(t_0, 1-t_0)$，它是初期时间 t_0 和 $1-t_0$ 的函数。其中，t_0 越大，k 越偏向于“生产性的个人资本”，即个人在取得商品消费上的能力更强。如果 $1-t_0$ 越大，则 k 越偏向于“精神性的个人资本”，个人在取得精神消费上的能力更强。这种个人资本上的不同会导致个人在消费

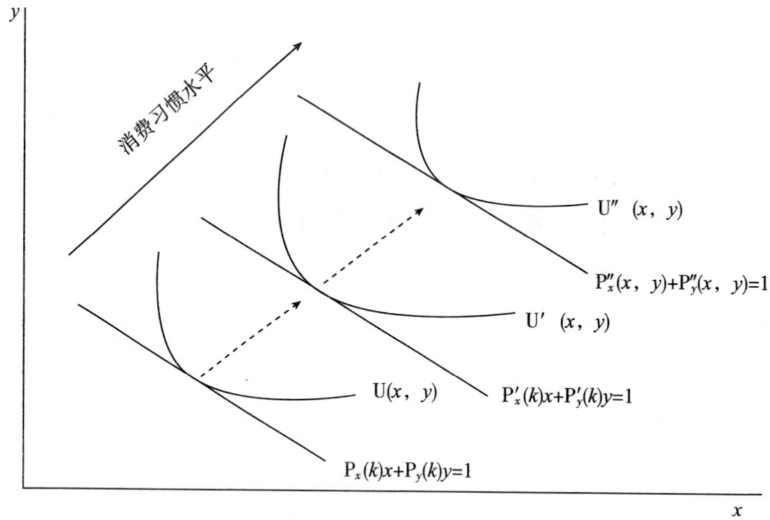

图5-4 农民工消费习惯形成变迁路径

结构上的差异。如有的人在饮食、衣物、家居、电子等产品上消费更多，有的人则更看重在教育、旅游、娱乐、人际交往等方面的消费。

农民工是典型的候鸟型居民，消费行为受到两种不同消费模式的影响，所以其消费行为呈现出二元性（于丽敏，2010）。尚未外出打工，在农村生活时，农民工无论商品消费还是精神需要消费都处于较低需求，这时消费习惯水平处在最低位置；进入城市打工后，由于城市商品消费的硬约束，使商品消费水平提升，同时对精神需要也在不断提高，所有农民工效用均衡位置上升，达到消费习惯水平的中间或最高位置。因此，农民工消费的习惯形成出现四种可能：（1）仍是农村居民消费的（内部）习惯形成水平；（2）达到城市居民消费的（内部）习惯形成水平；（3）受到农村和城市消费模式的双重影响，习惯形成尚未定型，即（内部）习惯形成水平处于图5-4的效用均衡的中间位置。（4）新生代农民工由于年龄较轻，脱离农村生活更早，思想更活跃，受城市消费方式影响的外部习惯形成可能比上一代农民工更大。

第6章

内部和外部习惯形成与新生代农民工消费行为

6.1 引言

自20世纪80年代以来，习惯形成与消费的关系越来越受到重视。凯恩斯（1936）在20世纪30年代就注意到了人们的消费倾向受习惯的影响。消费效用具有相关性，人们的当期消费会受到自身前期消费的影响，即消费的“棘轮效应”。除此外，还会受到外部环境的影响，周围人的消费会影响到自身的消费，即消费的“示范效应”[①]。习惯形成理论认为，消费效用函数具有时间的相关性，当前的效用与过去消费的“习惯存量”相关，“习惯存量”越大，带给消费者的当期消费效用就越小。近年来，随着国际经济和政治环境的变化，国内也在转变经济增长方式，从以出口导向型转型为依靠国内消费促进经济发展，近年来在拉动经济增长的“三驾马车”中，虽然消费的贡献越来越大，但这是总量上的表现，中国的消费率实际上在逐年走低，其中居民消费率从1990年的48.3%一路下滑到2015年的37.1%，不及同是发展中大国印度的59.1%[②]。为什么居民消费率与居民不断增长的储蓄率背道而驰呢？学者们发现，运用习惯形成理论可解释高储蓄率与低消费率的原因（赛金，1999；迪顿，1992）。迪顿（1992）认为，习惯形成下的消费行为与谨慎类似，为了应对将来的不确定因素的影响，消费者可能会推迟消费，增加储蓄。此外，习惯形成理论还验证了霍尔（1978）提出的“随机游走假设”理论和弗莱文（Flavin，1981）提出的消费的“过度敏感性”，前者在生命周期假说和持久收入假

① “棘轮效应”与“示范效应”又分别被称为“内部习惯”和“外部习惯”。

② 国家统计局.2016国际统计年鉴［M］.北京：中国统计出版社，2017.

说基础上将理性预期引入消费函数中，认为在不确定性下本期消费只与前期消费相关，其他包括同期收入的任何变量都对本期消费无关，有关未来收入的不确定性对消费没有影响。而后者是与随机游走假说相关的概念，即消费的变动与可预期收入是高度相关的。但学者们的实证研究却大多否定了他们的观点。臧旭恒（1994）应用我国城乡居民的平均消费数据进行了研究，结果表明，随机游走模型与居民的消费数据并不符合。叶海云（2000）认为，在我国的转轨经济中，消费者存在“短视”消费行为，消费者不能够根据其一生的财富来对消费进行决策，因而也不能平滑消费一生的财富，只能分阶段地规划其消费，在面临外部冲击或不确定因素时，消费者的预防性储蓄的动机会更强烈。艾春荣等（2008）认为，经济环境变化、对未来信息难以获取以及受信贷约束等方面的影响使消费变化不会完全取决于同期收入的变化，现期收入、可预测未来收入和家庭储蓄是消费决策的主要依据。事实上，消费存在心理依赖途径，人们同自己以往的消费和与他人比较做出的消费决策所形成的偏好不会在短时期内轻易改变，所以当期消费效用不仅依赖于当期支出，而且也受到消费习惯的影响。

我国是一个农村人口众多的国家，农村人口大量进入城市工作和生活。据国家统计局调查数据显示，2017 年底我国农民工数量为 2.86 亿人。虽然我国城镇化和农村居民市民化在不断推进，但这是一个相当长的时间，大部分农民工还是像“候鸟”一样奔波于农村与城市之间，他们的消费一方面受到农村消费习惯和方式的影响，另外一方面由于长期在城市生活，城市的消费方式又不可避免地影响他们。我国城乡居民消费仍存在巨大差距，2018 年城镇居民人均消费是农村居民的 2.54 倍。农民工的候鸟特性使他们的消费存在不确定性，农民工消费方式更趋近于农村还是趋近于城市？对此问题的研究不仅可以厘清农民工的消费层次，准确对其进行定位，还可以进而为建立统一的消费市场制定政策措施。目前不少文献结合消费的习惯形成分别就城镇和农村居民作为对象进行了研究，但是奇怪的是，农民工这样如此巨大数量的群体竟没有学者从这方面进行研究。究其原因，可能的一个重要原因就是数据的难以获得，因为消费的习惯形成中包含消费的动态因子，而国内对流动人口的微观调查数据多是截面数据，很难使用动态模型进行分析。本章采用组群方法，利用 2002 ~ 2015 年的 CHIPS、CDLS 和 CGSS 等微观调查数据构造出“伪面板”解决了这个问题。本章欲回答以下问题：农民工消费是否存在过度敏感性？农民工消费是否存在内部习惯形成？是否存在外部习惯形成？

本章的主要贡献在于：第一，首次考察了对农民工消费的内、外部习惯形成效应；第二，分别考察了两代农民工的习惯形成效应；第三，在微观调查数据的基础上使用组群方法构造出“伪面板”数据进行估计，增强了消费变量估计的一致性和有效性。本章的余下安排如下：第二部分是文献综述，第三部分是组群分析与“伪面板”的构造，第四部分是习惯形成理论模型，第五部分是回归结果与分析，最后部分是结论与政策建议。

6.2　文献综述

国外对习惯形成理论的实证研究始于 20 世纪 90 年代，但是对居民消费行为是否存在习惯形成看法并不一致。在总量数据研究方面，费尔森和康斯坦丁尼德斯（1991）以及布莱恩等（1999）分别发现美国和日本居民的消费存在习惯形成。但希顿（1993）的研究却认为居民消费不存在习惯形成。之所以得出的结论不同，是因为研究者们使用了不同的模型、数据以及推导出的一阶条件差异性等问题的存在（戴南，2000）。但总量数据研究的一个缺陷是习惯效应可能会被不可观测的异质性夸大而影响估计结果（海恩和达勒姆，1991）。随着取得微观数据的渠道越来越广泛，学者们开始利用家庭层次的数据来检验习惯形成理论。如海恩和达勒姆（1991）、梅吉尔和韦伯（1996）、奈克和摩尔（1996）、戴南（2000）都各自利用不同国家的微观数据进行了实证分析，结论也不一致。阿贝尔（1990）提出了包含内部和外部习惯形成的模型，但在实证研究中，消费究竟是否存在内部或外部习惯形成也没得到统一的结论。

国内总量数据研究方面，齐福全等（2007）利用 HP 滤波法计算出农村居民消费数据，采用戴南（2000）提出的带有习惯偏好生命周期模型检验了北京农村居民的习惯形成，发现在人均总消费、食品消费和衣着消费上存在习惯形成，而在居住消费上不存在。艾春荣等（2008）利用省际动态面板数据研究发现，习惯偏好下的中国居民消费存在过度敏感性问题，农村居民在非耐用消费上存在习惯，但城镇居民则没有。杭斌（2009）在缓冲储蓄理论中引入了消费习惯因素，并利用省级面板数据和二阶段最小二乘估计法对农户进行的实证研究表明：习惯形成影响农户消费行为，习惯形成参数越大，农户消费行为越谨慎。较高的储蓄率增强了家庭抵御风险的能力。因此，消费的惯性越强，收入不确定性对消费的影响就越小。王小华等（2016）利用省级面板数据和 GMM 估计方法，将农村居民收入结构与消费的习惯形成结合在一起进行了考察，研究结果显示：农村居民消费受到习惯形成的影响，对家庭经营性收入、工资性收入和财产性收入变动的存在过度敏感性。杭斌（2011）、杭斌等（2013）在阿雷斯和卢萨尔迪（1997）效用函数的基础上推导出包含内部和外部习惯形成的消费函数，发现城镇居民消费存在显著的内部和外部习惯形成特征。徐会奇等（2012）也研究也证实了城镇居民消费具有显著的内部和外部习惯形成特征。而崔海燕等（2011）则研究了农村居民消费情况，发现农村居民的消费存在显著的内部习惯形成特征，城镇居民消费对农村居民具有示范作用。

相比总量数据，微观数据有其明显的优点，因为总量数据在很大程度上综合掉了不同群体之间消费行为的差异以及个体收入或个体消费的波动，最终必然会在一定程度上影响估计结果的可靠性（齐福全等，2007；杭斌等，2009），而微观数据则可保留个体信息，能够控制异质性等。国内学者最早采用微观数据对消费的习惯形成进行研究的是龙志和等（2002），他们利用家庭数据对城镇居民的食品消费习惯进行了检验，结论是城镇居民在食品消费上存在习惯形成，但数据的样本量太少，可能影响最终结果。贾男等（2011）和翟天昶等（2017）研究了非耐用品的消费习惯形成，分别利用 CHNS 和农村固定观察点家庭调查等微观数据并使用 GMM 估计方法的实证结果显示，农村居民家庭的食品消费有显著的习惯形成效应。黄娅娜等（2014）利用城镇居民收入支出调查数据（UHIES），采用组群（cohort）构造方法，将不同年份的截面数据转化为多年份的“伪面板”（合成面板），这样的面板数据观测的是某个组群所有样本的均值，刻画拥有某种特征的一类人群的行为特征。该处理方法的好处是扩宽了截面数据的使用范围，也能提供拥有某一类特征的家庭层面的更多信息，同样可利用 GMM 方法处理滞后项引起的内生性问题，从而保证估计量的一致性和有效性。

但是，国内的研究还存在一些不足，一是除了龙志和等（2002）、贾男等（2011）、黄娅娜等（2014）和翟天昶等（2017）外，大多实证采用总量数据分析。总量数据取得相对容易，但是它会较大程度抹平个体消费者的消费波动，其中龙志和等（2002）的样本量太少（只有300个），估计结果存在疑问。而且总量数据也很难处理内生性问题，家庭消费可能与一些不可观测的因素有关，如文化、节俭传统等，这就可能产生遗漏变量偏差的内生性问题。二是没有将流动人口消费行为与习惯形成理论相结合。事实上，大量农民工游走在城市与农村之间，他们的消费不仅受到原来在农村生活消费习惯的影响，也会因为在城市工作和生活而对城市消费模式耳濡目染，受到城市居民的影响。因此本书采用微观数据研究农民工消费的内部和外部习惯形成。此外，为克服内生性问题，我们在计量分析中使用了系统GMM方法。

6.3　组群分析及伪面板的构造

一般而言，微观数据大多数都来自横截面调查，由于成本、操作难度等原因，得到高质量的面板数据非常困难。但由于面板数据能控制个体异质性、提供更多样本信息、更少共线性等优点，一些研究采用通过对横截面数据进行构造来获得面板数据。在对家庭部门的调研中，无法对某特定家庭进行长时间跟踪，通常采取轮换家庭样本的做法。我们可以通过分析某一类家庭的平均经济行为特征来分析家庭经济行为，此种方法被称为组群分析，布朗宁等（1985）最早采用该方法。通过样本的组群可以构建“伪面板”数据。尽管“伪面板”数据并非真正的面板数据，但并非代表此方法的估计值不可靠。迪顿（1985）指出，组群方法的优点在于：不存在样本损失问题和能够减少测量误差。在实证研究中，莫菲特（Moffitt，1993）、科拉多（Collado，1997）和麦肯齐（Mckenzie，2001）的结果表明，每个群体中样本数量足够时，通过组群方法构造的动态伪面板数据的GMM估计量不存在偏倚。国内学者周绍杰等（2009）、黄娅娜等（2014）在研究中国家庭消费与储蓄时曾使用了该方法。

通常定义一个组群是根据观测样本其不会随时间变化的固定特征，如出生年份和性别。在以家庭为单元进行研究时，则定义户主的出生年份，本书根据户主出生年份定义组群。定义好组群后，求出该组群内所有观测值的均值。

考虑面板固定效应模型：

$$y_{it} = x'_{it}\beta + u_i + \varepsilon_{it} \qquad (t = 1,2,\cdots,T) \qquad (6-1)$$

式（6－1）中，u_i 表示“个体固定效应”，且 $E(u_i \mid x_{it}) \neq 0$ 。由于每位个体可能只会出现一次，故无法使用组内估计法或一阶差分法消去模型中的 u_i 。假设样本中所有个体可以按照某种特征分为 C 个组群，给定组群的归属，对原面板模型两边求条件期望可得“组群的总体平均值”。但该均值不可观测，可使用“组群时点平均值” $\bar{y}_{ct}$ 与 $\bar{x}_{ct}$ 来替代，因此有式（6－2）：

$$\bar{y}_{ct} = \bar{x}_{ct}'\beta + \bar{u}_c + \bar{\varepsilon}_{ct}, \ c = 1,\cdots,C; t = 1,\cdots,T \qquad (6-2)$$

式（6－2）中，$\bar{y}_{ct} = \frac{1}{n_{ct}}\sum_{g_{it}\in I_c} y_{it}$ ，n_c 为在第 c 个组群所包含的个体数；$\bar{x}_{ct}'$，$\bar{u}_c$ ，$\bar{\varepsilon}_{ct}$ 也是类似的平均值。虽然期间产生了新的误差，但如果每个时间点上各组群观测值足够多，测量误差将会非常小。此时再对方程（6－2）使用组内估计法，即可消去 $\bar{u}_c$ ，得到参数 β 的一致估计。

可以想象一下组群的概念。例如户主在 1970～1974 年出生的组群，在 2002 年调查时年龄是 28～32 岁，2009 年调查时年龄是 35～39 岁，2015 年调查时年龄是 41～45 岁，当然 2009 年和 2015 年的被调查家庭不一定是最初 2002 年被调查的那些家庭，但是后来的那些家庭由于与最初的家庭拥有共同的特征而被认为可以代表最初的家庭。随后对各调查年的群中家庭消费支出求均值，这样，我们可得到一个 1970～1974 年出生的群的家庭消费支出的时间序列。那么对于不同的群，我们就可以构造一个家庭消费支出的面板数据，尽管这个面板是“伪面板”。

但是如果一个组群内样本量不足，可能会导致估计值的非有效性和非一致性。常见的解决办法是增加各个组群的样本量，即扩大带宽，这需要将出生年份或年龄段扩大，如将组群的出生年份设置为相邻的 3 年或 5 年。带宽的设置要遵循两个原则，一是组群内部要有一定的样本数量，二是组群内部的异质性不能过大，通常情况下如果带宽越大，异质性也越大。在本书中，考虑到样本数量，我们将 1 年设置为一个带宽，本书的每个带宽中样本量大于或等于 10 个①。本书样本年龄分布在 15 ~ 54 岁，年龄最大的家庭户主出生在 1948 年，2002 年时年龄为 54 岁，年龄最小的家庭户主出生在 2000 年，2015 年时的年龄为 15 岁。

本章的“伪面板”数据构造如下：观测样本选取出生于 1948 ~ 1993 年的农民工家庭的户主或主事者，以 1 年时间跨度为带宽，共得到 46 个组群，然后构造出“伪面板”数据。并区分了老一代农民工与新生代农民工的组群，分别为 32 个和 14 个组群。组群内样本的统计性描述见表 6 – 1。

表 6 – 1　组群内农民工样本描述

年份	观测值个数	平均样本数	标准差	最小样本数	最大样本数
2002	1871	49.24	34.48	10	111
2007	4942	109.82	79.24	10	311
2008	5171	112.41	78.90	10	291
2009	1507	34.05	15.85	10	68
2011	564	17.09	5.28	10	29
2013	1396	31.73	14.88	10	70
2014	418	13.48	2.94	10	22
2015	779	21.05	6.79	10	35
合计	16648	48.61	29.80	10	311

6.4　习惯形成理论模型

“习惯形成”有内部和外部之分。内部习惯形成是指现期消费受到过去消费的影响，外部习惯形成是指消费受到其所处环境的其他示范消费者的影响（迪顿，1992）。瑞德和希尔（1973）将效用函数由 $u(c)$ 拓展为 $u(c,h)$，即在效用函数中纳入了习惯形成因素。考虑包含习惯形成的效用函数：$u_t = u(c_t - \gamma h_t)$。

① 黄娅娜（2014）利用组群方法构建的“伪面板”分析城镇居民的消费习惯的研究中发现，组群中样本量分别为 10、50、100 时得到的结果差异并不大。

式中，t 时刻的效用是 u_t，消费为 c_t，其中 $h_t = (1-\theta)h_{t-1} + c_{t-1}$ 被定义为习惯存量（habit stock），它与过去的消费相关。而 θ 为存货折旧率且 $0 < \theta < 1$，为了简便常常设定 $\theta = 1$，于是有 $u_t = u(c_t - \gamma c_{t-1})$。$\gamma$ 是习惯形成参数（$0 < \gamma < 1$），它代表着习惯存量影响消费效用的大小，γ 越大，意味着当期消费给消费者带来的效用就越小。γc_{t-1} 为"习惯性消费"，只有当 $c_t > \gamma c_{t-1}$ 才能够产生正的效用。

如果消费者受到外界的影响而消费发生变化，可考虑外部习惯形成，则效用函数变为：$u_t = u(c_t - \gamma c_{t-1} - \kappa c_t^e)$，其中，$c^e$ 是示范性人群的平均消费水平，κ（$0 < \kappa < 1$）是外部习惯形成参数。这说明，个体消费的消费水平不仅受自身过去消费的影响，也会受别人的影响。即使消费者的消费水平相比自身以前提高了，但如果 $c_t < \kappa c_t^e$，消费者的效用仍会降低。

本书选择了奈克和摩尔（1996）提出的包含习惯偏好的消费模型作为理论基础。个体 i 的习惯水平可由式（6-3）给出：

$$h_{it} = h_{i0}e^{-a_i t} + b_i \int_0^t e^{a_i(s-t)} c_{is} \mathrm{d}s \tag{6-3}$$

式（6-3）中，c_{is} 表示个体 i 在时间 s 上的消费，h_{i0} 表示习惯水平的初始条件，a_i, b_i 为个体特征常数。对个体消费策略进行优化，得到代表性个体的即时效用函数为：

$$u(c_{it}, h_{it}) = \frac{(c_{it} - h_{it})^{\gamma_i}}{\gamma_i} \tag{6-4}$$

这里 h_{it} 代表个体 i 在 t 时刻的习惯水平，而 $\gamma_i (0 < \gamma_i < 1)$ 是个人风险厌恶系数。假设个体消费者是根据他的整个生命周期来安排效用最大化，他的效用函数就包含了他的现期收入、未来总收入的贴现值和现期资产之和，并在一定的约束条件下求出效用最大化。即满足式（6-5）：

$$\begin{cases} \max E_{it} \sum_{n=0}^{\infty} \frac{1}{(1+\rho)^n} u(\bar{c}_{it+n}) \\ \sum_{n=0}^{\infty} \frac{1}{(1+r)^n} E_{it} = A_{it} + \sum_{n=0}^{\infty} \frac{1}{(1+r)^n} E_{it} Y_{it+n} = W_{it} \end{cases} \tag{6-5}$$

式（6-5）中，E_{it} 为期望算子，$\bar{c}_{it}$ 为相对消费水平，r 为实际利率，是 ρ 现在消费与未来消费的边际替代率，即时间偏好率，A_{it} 表示个体 i 在第 t 期初的资产水平，W_{it} 表示个体 i 在第 t 期初的期望财富水平，是 A_{it} 与未来期望收入之和。康斯坦丁尼德斯（1990）证明了在给定消费、投资策略及一定的管制条件时，唯一存在的最优消费为：

$$c_{it} = h_{it} + \delta_i\left[W_{it} - \frac{h_{it}}{r + a_i - b_i}\right] \tag{6-6}$$

式（6－6）中，δ_i 是实际无风险收益率、个人贴现率、股票市场收益率及其方差的函数，W_{it} 表示个体 i 在 t 时刻的期望财富。

由于 h_{it} 的一般形式较为复杂，因此为了便于处理，给出习惯水平的简化式：

$$h_{it} = \eta_{i0} + \eta_{i1}c_{it-1} \tag{6-7}$$

将式（6－7）代入式（6－6），个体 i 消费可以表示为式（6－8）：

$$c_{it} = \alpha_{i0} + \alpha_{i1}W_{it} + \alpha_{i2}c_{it-1} + \varepsilon_{it} \tag{6-8}$$

式（6－8）中，$\alpha_{i0} = \eta_{i0}(1 - \varphi_i)$，$\alpha_{i1} = \delta_i$，$\alpha_{i2} = \eta_{i1}(1 - \varphi_i)$，以及 $\varphi_i = 1 - \delta_i/(r + a_i - b_i)$。$\alpha_{i0}$ 是常数项；α_{i1} 表示预期财富影响当期消费的系数；α_{i2} 是上期消费影响当期消费的系数；W_{it} 表示个体 i 在 t 时刻的预期财富；ε_{it} 是随机误差项。

通常预期财富 W_{it} 的数据难以获得，本书采用了杭斌（2009）的做方法，用持久收入 y_{it}^p 来代替预期财富：

$$y_{it}^p = \frac{1}{T+1}\left[E_{it}\sum_{n=1}^{T} y_{it+n}\right] \tag{6-9}$$

假设个体 i 的预期实际收入的平均增长率为是一个常数 υ，则他在将来 $t+n$ 期的预期实际收入为：

$$E_t(y_{i,t+n}) = (1+\upsilon)^n y_{it}, n = 1,2,\cdots,T \tag{6-10}$$

将式（6－8）代入式（6－7），得到：

$$y_{it}^p = \left[\frac{1-(1+\upsilon)^{T+1}}{-(T+1)\upsilon}\right]y_{it} \tag{6-11}$$

这是个体 i 的持久收入，将式（6－11）代入式（6－8），有：

$$c_{it} = \alpha_{i0} + \alpha_{i1}\left[\frac{1-(1+\upsilon)^{T+1}}{-(T+1)\upsilon}\right]y_{it} + \alpha_{i2}c_{it-1} + \varepsilon_{it} \tag{6-12}$$

注意到式（6－12）中，$\left[\frac{1-(1+\upsilon)^{T+1}}{-(T+1)\upsilon}\right]$ 为常数，重新赋予系数，得到：

$$c_{it} = \beta_{i0} + \beta_{i1} y_{it} + \beta_{i2} c_{it-1} + \varepsilon_{it} \tag{6-13}$$

如果再考虑外部示范者上一期消费对个体消费者消费的影响，即外部习惯形成，式（6－13）可改写为：

$$c_{it} = \beta_{i0} + \beta_{i1} y_{it} + \beta_{i2} c_{it-1} + \beta_{i3} c^{e}_{it-1} + \varepsilon_{it} \tag{6-14}$$

考虑加入其他反映农民工家庭的人口学特征变量，如户主性别、户主受教育年限、家庭规模、户主年龄等，并将部分变量对数化，式（6－14）可变为：

$$\ln c_{it} = \beta_{i0} + \beta_{i1} \ln y_{it} + \beta_{i2} \ln c_{it-1} + \beta_{i3} \ln c^{e}_{it-1} + X_{it}\beta_i + e_{it} \tag{6-15}$$

式（6－15）中，c_{it} 表示农民工家庭的年消费支出，y_{it} 表示农民工家庭的年收入，c^{e}_{it} 表示城镇居民家庭年消费支出，X_{it} 为其他控制变量，β_{i0}、β_{i1}、β_{i2}、β_{i3}、β_i 表示系数，i，t 分别表示个体与年份，e_{it} 为残差项。如果 $\beta_{i2} > 0$，说明存在内部习惯形成，如果 $\beta_{i3} > 0$，说明存在外部习惯形成。

6.5 实证结果与分析

6.5.1 数据来源与变量定义

1. 数据来源

本章数据来源为3个微观调查数据的混合截面数据。涉及2002年、2007年、2008年、2009年、2011年、2013年、2014年与2015年，共8年的截面数据。其中2002年、2007年、2008年是CHIPS（中国居民家庭收入调查）数据，2013年是CHIPS和CLDS（中国劳动力动态调查）混合数据，2011年、2015年是CLDS数据，2009年、2014年是CGSS（中国综合社会调查）数据。删除了缺失和无记录及某些关键信息漏缺的样本户，最后得到有效样本共16648个。其中2002年、2007年、2008年、2009年、2011年、2013年、2014年、2015年的有效样本数量分别为1871个、4942个、5171个、1507个、564个、1396个、418个和779个。样本来自十几个省（区、市）的不同城市，有着广泛的代表性。

本书在调查数据中筛选农民工的标准为：具有农村户口，已经离开户口所在地半年以上且在城市工作的农村流动人口。通常在研究消费问题时很难将一个家庭中个人的消费支出完全从整个家庭中剥离出来，因此本书将农民工家庭的消费支出作为研究对象。需要说明的是，并不是具有血缘关系的成员才构成一个家庭，共同居住、经济共用的家庭（无论有无血缘关系）都可视作农民工家庭。在构造伪面板时需要根据出生年份定义组群，本书是按户主或主事者①的出生年份作为定义的标准。

2. 变量定义

（1）农民工家庭年消费支出 c_{it} ②。采用国家统计局颁布的《居民消费支出分类》（2013 版）分类方法，将居民消费分为食品烟酒、衣着、住房维保及管理、生活用品及服务、交通和通信、教育文化和娱乐、医疗保健、其他用品和服务共八大类。为消除价格变动因素，以 2002 年为基年的农民工家庭所在省（区、市）的城市消费价格指数（2002 = 100）进行了平减。

（2）农民工家庭年可支配收入 y_{it} 。以 2002 年为基年的农民工家庭所在省（区、市）的城市消费价格指数进行了平减。

（3）城镇居民年消费支出 c_{it}^e 。同样采用八大类的分类方法，为消除价格变动因素，以 2002 年为基年的城镇家庭所在省（区、市）的城市消费价格指数进行了平减。

（4）其他控制变量。包含反映人口学特征的一些变量，如农民工家庭户主年龄、户主受教育年数、户主性别、户主年龄、户主年龄平方、家庭规模等。

相关变量的统计性描述见表 6 – 2。

表 6 – 2　　变量的统计性描述（伪面板）

变量	观测值	均值	标准差	最小值	最大值
农民工家庭年消费支出（元）	307	25187	21355	2340	332408

① 主事者是指在家庭消费中具有决策权的人。

② 这里的消费支出是指消费性支出，即调查户用于本家庭日常生活中，以满足自身和家庭成员需要为目的，经常性、多次性的消费支出，包括食品、衣着、居住、家庭设备用品及服务、医疗保健、交通和通信、娱乐教育文化服务、其他商品和服务八大类等，不包括资本投资类支出，以保值、增值为目的的支出，以及居民最终消费中由政府支出的部分（包括政府在卫生保健、教育等方面的支出）等。城镇居民的消费支出同样定义。

续表

变量	观测值	均值	标准差	最小值	最大值
农民工家庭年收入（元）	307	34808.00	19393.00	5669.00	185699.00
城镇居民家庭年消费支出（元）	322	35617.00	11972.00	15869.00	93892.00
农民工家庭总人口（人）	307	2.61	0.80	1.01	5.64
农民工家庭户主性别（男=1，女=0）	279	0.74	0.15	0.15	1.00
农民工家庭户主受教育年数（年）	277	8.40	1.47	4.08	13.75
农民工家庭户主年龄（岁）	368	39.91	13.46	15.00	67.00

6.5.2 估计方法

动态面板估计中，通常会出现个体效应或内生性问题，解决的办法之一就是运用阿雷拉诺和邦德（Arellano & Bond，1991）提出的一阶差分 GMM 来处理：一是通过一阶差分 GMM 可控制个体效应，二是因为残差的 Δe_{it} 和所有 c_{it} 及解释变量的 $t-2$ 期及以前都不相关，这些值都可作为 Δc_{it-1} 的工具变量，进行一阶差分 GMM 估计后能得到更有效的估计值。但差分 GMM 存在某些弱点，一是差分会导致某些变量信息的遗失，二是当序列 $\{c_{it}\}$ 的持续性很强（highly persistent）的时候，c_{it-2} 与 $\Delta c_{it-1} \equiv c_{it-1} - c_{it-2}$ 的相关性就会较弱，导致弱工具变量问题，在小样本下估计的偏倚就会较大，此时使用差分 GMM 效果不佳。为此阿雷拉诺和博威尔（1995）提出了系统 GMM 方法，该方法将一阶差分方程和水平方程综合在一起，其所利用的信息要比差分 GMM 的多。布伦德尔和邦德（1998）利用通过 Monte Carlo 模拟发现，在有限样本下，系统 GMM 比差分 GMM 估计的偏差更小、效率也有所改进。Monte Carlo 模拟还表明两步 GMM 估计的权重矩阵依赖于估计参数，会导致两步估计量并不可靠，虽然两步估计的渐进标准误相比一步估计较小，而且 t 统计量也较大，但一步估计量较为准确。因此在实践中更倾向于使用一步 GMM 估计。具体的估计过程中，将农民工家庭年消费支出滞后一期 c_{it-1} 以及农民工家庭年收入 y_{it} 作为内生变量，其他变量以及年份虚拟变量作为外生变量。

6.5.3　回归结果及分析

1. 农民工总体样本回归结果与分析

本章的动态面板模型分别使用差分GMM和系统GMM，在一步估计方法下对农民工家庭消费支出进行了估计，同时也列出了两步估计结果作为对比。并对加入不同的控制变量得到的结果进行比较后得到的最后估计结果见表6-3。Sargan检验结果表明AR（1）和AR（2）通过了检验，说明模型的残差项e_{it}不存在序列相关。通过对t值的比较可看出，系统GMM估计效果要优于差分GMM估计。联合显著性Wald检验结果表明，模型在总体上是非常显著的。

表6-3　农民工家庭总体样本GMM估计结果

系数估计	差分GMM		系统GMM	
	两步	一步	两步	一步
农民工家庭年收入	0.705** (2.10)	0.774* (1.91)	0.756*** (4.65)	0.797*** (4.40)
农民工家庭年消费滞后一期	0.147 (0.70)	0.257 (1.01)	-0.098 (-0.77)	-0.093 (-0.67)
城镇居民家庭年消费滞后一期	0.197 (1.25)	0.130 (0.83)	0.258*** (2.73)	0.203* (1.75)
农民工家庭人口	0.430* (1.91)	0.413** (2.07)	0.292** (2.51)	0.274** (2.24)
农民工家庭户主年龄	-0.117 (-1.04)	-0.157 (-1.07)	0.015 (1.07)	0.021 (1.45)
农民工家庭户主年龄平方	0.001 (1.39)	0.001 (1.43)	-0.000 (-1.22)	-0.000 (-1.60)
年份虚拟变量	控制		控制	
联合显著Wald检验	0.000	0.000	0.000	0.000
有效观测值	166		212	
AR（1）检验	0.006	0.018		0.000
AR（2）检验	0.461	0.500		0.899
Sargan检验P值	0.116	0.116		0.295

注：括号内数值为t统计量，***、**、*分别代表在1%、5%、10%的水平上显著。标准差为稳健标准差。下同。

在表6-3中，系统GMM的一步估计结果表明：(1)农民工家庭年收入估计值是0.756并在1%水平上显著，农民工家庭年收入每变动1个百分点，家庭消费支出就会变动0.756个百分点，说明农民工家庭消费变动取决于其家庭收入的变动，霍尔（1978）的“随机游走假说”不成立，说明农民工家庭存在消费的过度敏感性。由于农民工收入较低，即期消费主要取决于即期收入。另外，农民工受到流动性约束，消费主要靠自己的收入，在收入不高，而且信贷市场存在歧视的情况下，难以通过借贷进行消费，只能通过储蓄实现消费效用的最大化。(2)农民工家庭滞后一期消费变量的系数估计值并没有通过检验，说明内部习惯形成对农民工家庭消费没有显著的影响，即农民工家庭当前消费不受过去消费的影响，探讨其原因，可能是因为：农民工消费具有二元性，农民工游走在城市与农村之间，一方面，在城市生活就不得不按照城市的消费方式进行消费；另一方面，农民工又深受过去在农村消费习惯的影响，舍不得消费，尽量节俭、量入为出，两者矛盾体现在农民工身上。所以农民工很难像城市居民那样消费，同样也回不到农村居民的消费方式，就是说农民工的消费其实是在两种消费方式或消费习惯中摇摆不定，可能有时城市消费方式占上风，而有时农村消费方式占上风，从一段较长时间看，两种效应的综合结果也许就像波峰和波底叠加在一起的效果，所以体现在滞后一期消费影响当期消费即内部习惯形成上面的系数就不显著。(3)每变动城镇居民家庭年消费1个百分点，农村家庭年消费变动0.203个百分点，且在10%的水平上显著，说明城镇居民消费对农民工家庭消费有示范作用，即农民工消费存在外部习惯形成。家庭人口规模在5%的水平上显著，每增加1个百分点人口，农民工家庭消费增加0.274个百分点。但年龄因素的影响不显著。

2. 两代农民工样本回归结果与分析

学术界将农民工分为第一代农民工与新生代农民工。后者这个提法最早见于王春光（2001），是指出生在1980年及以后的农民工。新生代农民工与第一代农民工相比有诸多不同，如乡土情淡薄、吃亏耐劳精神较差、追求更高生活质量、对城市更加认同、生活方式更接近城市居民等（杨琦，2011）。相比第一代，新生代农民工消费方式在向“生活型”转变（唐有财，2009），具有较高的消费倾向及品牌意识（孙超骥等，2010），用于自我能力提升和人际网络构建的消费比重在攀升（吴祁，2012）等。应该说，新生代农民工的消费方式与城市居民而不是与他们的第一代更加接近。为了比较两代农民工的内外部习惯形成，表6-4给出了一步系统GMM估计值。

表6-4　两代农民工家庭样本系统GMM估计结果

系数估计	第一代农民工	新生代农民工
	一步系统GMM	一步系统GMM
农民工家庭年收入	0.491*** (3.73)	0.764*** (4.09)
农民工家庭年消费滞后一期	0.114 (0.95)	-0.067 (-0.62)
城镇居民家庭年消费滞后一期	0.140** (2.40)	0.215* (1.79)
农民工家庭人口	0.686*** (5.87)	0.051 (0.29)
农民工家庭户主年龄	0.083** (2.15)	0.040 (0.35)
农民工家庭户主年龄平方	-0.001** (-2.12)	-0.001 (-0.30)
年份虚拟变量	控制	控制
联合显著Wald检验	0.000	0.000
有效观测值	158	54
AR（1）检验	0.004	0.021
AR（2）检验	0.222	0.987
Sargan检验P值	0.228	0.517

注：括号内t为统计量，***、**、*分别代表在1%、5%和10%的水平上显著，标准差为稳健标准差。

从表6-4可看出，模型通过了各项检验。结果显示：（1）两代农民工相比较，新生代农民工家庭的消费受收入影响更大，在1%的显著水平下，每增加1%的收入，消费增加0.764%，而第一代农民工变动为0.491%，说明新生代农民工由于年纪较轻，不像第一代农民工工作年限较长从而有更多的积蓄，家庭生活支出主要靠当期收入，表现出更强烈消费的敏感性。（2）同理，受城市和农村两边消费方式的影响，两代农民工内部习惯形成尚未形成。（3）两代农民工都受到城镇居民消费的影响，新生代农民工受影响较大，每增加1%的城镇居民滞后一期消费，新生代农民工增加0.215%，第一代农民工是0.14%，说明均有外部形成习惯。这很好理解，新生代农民工年纪更轻，思想更开放，接受新鲜事物的能力更强，在城市工作和学习所受到的城市消费方式的影响也就越大。（4）家庭人口对第一代农民工的影响是显著的，每增加1%的人口，消费增加0.686%，而家庭人口对新生代农民影响不显著，说明人口越多，消费支出越多（样本中第一代农民工家庭人口户均2.79人，新生代农民工户均2.2人）。（5）户主年龄及年龄平方对第一代农民工有显著影响，大致呈现“骆峰”形，说明在第一代农民工年纪较轻时消费更多，而年纪较大时由于竞争能力下降，对未来预期收入下降，缩减了消费。而新生代农民工正处在年富力强阶段，对未来收入较乐观，年龄因素对消费的影响并不显著。

6.6 结论及政策建议

本书利用2002~2015年的CHIPS、CLDS和CGSS微观调查数据为基础，利用组群方法构建出“伪面板”，对农民工消费在内部和外部习惯形成两个方面采用了系统广义矩方法进行估计，这是国内研究中首次进行这方面的尝试。尽管使用的是“伪面板”，但严格选择样本和适当的估计方法处理了个体效应和测量误差问题，使得最后的估计结果真实可信。结果显示：农民工家庭消费存在过度敏感性；由于消费方式的不确定性，两代农民工家庭消费均无内部习惯形成，但存在外部习惯形成；新生代农民工家庭消费的外部习惯形成系数更大。

农民工市民化是经济社会发展的必然趋势，我国正处于这个转换过程中。如果巨量农民工的消费方式和消费水平能接近城镇居民，将有助于拉动内需和经济转型。但是从本书的研究来看，受到农村生活习惯和城市生活的双重影响，农民工在城市消费更多是受到“外生”因素影响而非“内生”动力驱驭，并没有形成自身真正的“内部习惯”，尚未达到真正城市居民的消费水平，从而无法完全释放他们的消费能力。2 亿多农民工特别是新生代农民工的消费潜力是巨大的，如果措施得当，释放他们的消费潜力，对我国经济增长方式的转型具有十分重要的意义。因此，采取有力的政策措施是必要的。

6.6.1　逐步建立完善的社会保障制度

社会保障体制具有“社会稳定器”的功能，一方面可缓解农民工的谨慎心理，减少不确定性，另一方面可提高农民工的边际消费倾向，释放消费潜能。首先是加大财政投入力度，健全城乡统筹的社保体系，特别是城乡社保制度的整合与异地社保手续衔接等问题，让农民工在异地也能得到城乡统筹社会保障。其次是促进商业保险发展，鼓励有条件、有意愿的农民工参加商业保险，同时对参加商业保险的农民工给予税收优惠的鼓励。引导商业保险公司开发更多养老保险和工伤保险等险种，以适应商业保险市场的发展。

6.6.2　切实提高农民工收入

农民工平均年收入与城镇居民相比有较明显的差距。低收入会抑制农民工的消费倾向，阻碍他们向城市消费模式的学习，因此应缩小农民工与城镇居民的收入差距。其一，保障农民工的合法权益。要在初次劳动分配中切实保护农民工的合法权益，落实最低工资制度，建立与基础 CPI 相联系的农民工工资的正常增长机制，以此来逐步提高农民工的劳动报酬。其二，加大对中小企业的扶持力度。中小企业容纳了大部分农民工就业，中小企业的发展对农民工的收入提高和缩小与城镇居民的收入差距有重要意义。但中小企业发展面临的最大困难是资金的匮乏。扶持中小企业首要是解决其融资难问题。对中小微企业贷款上限提高，成立融资担保基金，通过对融资担保机构进行再担保，来给中小微企业提供贷款支撑平台。将创业担保贷款贴息范围扩大，囊括在城市中自主创业的农民工。此外，对中小企业降费减税。要做到放宽范围，提高标准，体现普惠性。

6.6.3　大力推进城市公共租赁住房的建设

城市房价对于大多数农民工而言是难以负担的，一方面，导致农民工难以融入城市，对城市没有归属感；另一方面，有了固定住所才会带动家居等相关产业消费。有必要在公共租赁住房上下足功夫，让农民工能在城市安定下来。其一，政府要加大对公共租赁住房等保障性住房的投入力度，为收入较低的农民工提供数量充足、价格合理和租期稳定的房源。政府要在建设用地、政策和资金上积极支持，继续对保障性住房采取优惠的财税政策，加大信贷支持力度。其二，明确住房优先保障对象。农民工应优先得到保障性住房，同时，要综合考虑家庭人口数量、代际结构、性别结构、支付能力等因素对申请人员进行先后排序，根据实际情况配置不同户型。

6.6.4 加强对年轻农民工的职业教育培训

第一，要完善农民工职业技能培训制度。教育部门要积极组织、整合、利用成人学校、职业技术学校的资源，对年轻农民工开展职业技能培训，财政资金支持力度要与之挂钩。第二，职业技能培训要长期化，将农民工纳入终身培养体系。第三，技能培训要有针对性。培训内容要以市场需求为导向，确定市场需要的职业或工种进行专门化培训，培训内容要符合当地的产业结构特征。

6.6.5 针对性地引导农民工消费

第一代农民工消费比较保守、节俭、注重储蓄。新生代农民工成长在经济繁荣的年代，消费心理趋于前卫，也更注重生活的品质，消费模式更接近城市居民。因此，要引导新生代农民工正确消费、合理消费，提升他们的消费。第一，寻找新的消费热点。结合新生代农民工的消费特点，寻找新兴的消费热点，开发适合新生代农民工消费的文化产品。第二，优化消费环境。要营造良好的消费环境，不歧视消费者，加强商品售后服务，让新生代农民工安心消费。第三，解决农民工消费的后顾之忧。除了通过调整收入结构增加农民工收入外，避免出现拖欠、克扣农民工工资的现象，政府应加大对此类企业的处罚力度。

6.6.6 加快消费信贷市场发展

我们的研究表明，农民工存在消费的敏感性，新生代农民工更为强烈。其中原因之一就是由于我国消费信贷市场发展滞后，农民工无法通过借贷进行消费，受到很强的流动性约束，不利于消费的提升。为此，应加快发展我国的消费信贷市场，缓解流动性约束对新生代农民工消费的影响。首先要完善消费者的个人征信体系及相关法律法规，通过建设和完善个人征信体系，约束消费者的不规范行为，防范道德风险的发生。其次是扩大消费信贷品种，拓宽居民消费信贷渠道。简化信贷程序，对消费群体进行细化，扩大消费信贷品种。另外，扩宽居民消费信贷渠道，除了传统的银行、消费金融公司，小贷公司和电商平台等应大力发展。

第7章

习惯形成效应与新生代农民工消费结构

7.1 引言

20世纪90年代以来，我国居民消费与储蓄的行为出现背道而驰的趋势，一面是居民消费率不断下降，另一面储蓄率却在快速增长。如图7-1所示，我国居民消费率从1990年的48.3%一路下滑到2014年的37.2%。与此相对应的城乡居民储蓄存款余额增长迅速，从1990年的7119亿元高歌猛进到2014年的485261亿元，增长了68.2倍，年均增速达19.2%。为何会出现如此大的反差？这种现象引起了学术界的极大注意。

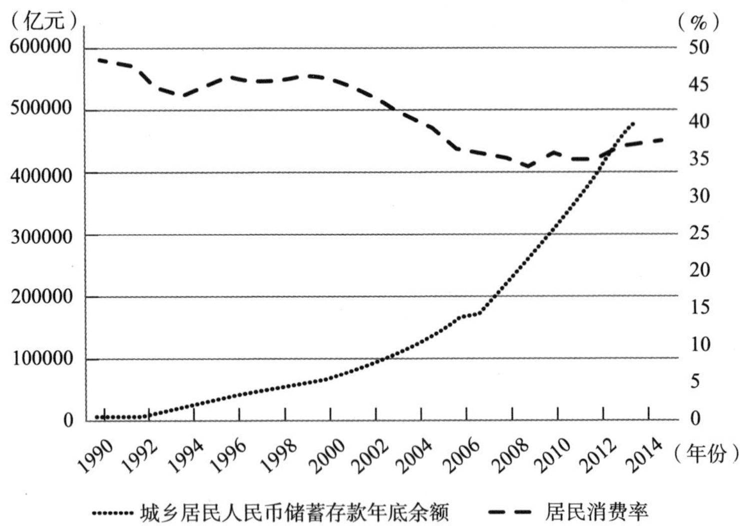

图7-1 中国居民消费率与储蓄行为变化趋势

资料来源：国家统计局。

大量学者试图用经济理论对高储蓄现象进行解释，主要的观点有：一是预防储蓄论，该观点认为随着改革的不断深入，市场经济比重逐渐加大，经济生活中的不确定性增加，居民焦虑感增强，为应付将来的不确定性，采取增加储蓄的行为，即表现为预防性储蓄的动机（龙志和等，2000；罗楚亮，2004）。二是流动性约束论。流动性的约束、消费决策的“短视”，在面临外部冲击或不确定因素时，消费者的预防性储蓄的动机会更强烈（李焰，1999；叶海云，2000；万广华等，2001）。三是收入分配不均论。由于少数高收入人群占有大多数的储蓄，收入分配的不平衡影响了社会总消费（袁志刚等，2002）。这些解释从不同角度的阐述有其合理性，但是它们的理论假设却遭到质疑：即效用的偏好在时间上是可分的，这就意味着消费者的消费决策不会受到任何持续的影响，与消费者的习惯无关，这在现实生活中是解释不通的。事实上，消费者的消费不仅与自身过去的消费有关，过去的偏好一旦形成将很难改变，而且还会与其所处环境的其他人进行比较，这就是我们常说的消费存在“棘轮效应”与“示范效应”①。自20世纪90年代以来，消费的习惯形成理论逐渐受到学界的重视。与传统的效用函数的偏好在时间上可分，即当期的效用只取决于当期消费所不同的是，习惯形成理论认为偏好在时间上是不可分的，当期的消费效用受到习惯存量（habit stock）的影响。习惯存量取决于前期消费，后者越多前者就越大。所以消费决策是一个动态调整的过程。习惯形成与谨慎行为类似，它强调平滑消费，也强调平滑消费的增长，使不确定因素对消费的影响降低，可能的结果就是缩减当期消费和增加更多储蓄。

我国是一个农民工大国，2017年底农民工数量为2.86亿人。尤其第一代农民工的消费方式与消费习惯深受原来在农村生活的影响，另外，由于长期在城市工作生活，城市居民的消费方式又不可避免地影响他们，特别是新生代农民工。候鸟型农民工的消费受不受习惯形成的影响呢？他们的消费习惯是受城市影响大还是农村影响大？第一代的农民工与新生代农民工的习惯形成有没有差别？不同类型的商品消费的习惯形成效应又如何？这些都需要实证研究的支持。解答这些问题不仅能在微观层面上对农民工家庭的消费决策机制进行解释，而且能为政府决策层提升这部分人群的消费需求提供实证依据。国内对城

① “棘轮效应”与“示范效应”我们形象地称之为“内部习惯”和“外部习惯”。

乡居民消费的习惯形成效应已经做了不少研究，但是对农民工消费与习惯形成相联系起来的文献尚未看到，可能一个重要原因就是数据的难以获得，因为消费的习惯形成中包含消费的动态因子，而国内著名的微观调查数据大多是截面数据，即使有追踪调查时间长度也较短，很难使用动态模型进行分析。本章较好地解决了这个难题。具体步骤是：采用组群方法，利用 2002 ~ 2015 年的 CHIPS、CDLS 和 CGSS 等微观调查数据构造出“伪面板”，并采用差分广义矩估计方法解决了模型中的内生性问题。本章欲回答以下问题：农民工消费结构中是否存在内部和外部习惯形成；不同类型的商品或服务的消费的习惯形成效应有何区别；各类商品或服务消费究竟是体现了习惯形成还是体现了耐久性。

本章的主要贡献在于：第一，首次将农民工消费与习惯形成结合起来进行考察；第二，对两代农民工的习惯形成效应进行了区别考察，找出他们的不同点；第三，在微观调查数据的基础上使用组群方法构造出伪面板数据进行估计，增强了消费变量估计的一致性和有效性。余下部分安排如下：第二部分是文献综述，第三部分是理论模型，第四部分是回归结果与分析，最后部分是结论及政策启示。

7.2 文献综述

最早将习惯因素引入消费函数的是杜森贝里（Duesenberry，1949），并提出了消费的棘轮效应（ratchet effect）和示范效应（demonstration effect）的概念。但在很长时间内习惯形成理论在国外并不受重视，直到 20 世纪 90 年代才引起越来越多学者的关注，原因是它能合理解释霍尔（Hall，1978）提出的理性预期持久收入假说（RE – PIH）所引发的譬如消费过度敏感和消费过度平滑等问题的困惑（迪顿，1992；赛金，1999），并揭示了消费决策的内在逻辑。迪顿（1992）认为，内部习惯形成类似于一种谨慎行为。因为它强调平滑消费以及平滑消费的增长，减轻消费决策中的不确定因素，结果就是缩减当期消费和增加更多储蓄。

习惯形成理论研究从数据来源可分为总量数据研究和微观数据研究。总量数据研究中，布劳恩等（1993）基于跨国数据的研究证明存在消费的习惯形成，缪尔鲍尔（1988）、希顿（1993）对美国消费者的研究没有发现习惯形成效应。但总量数据研究存在的缺陷显而易见，一是个体变量的波动会被总量数据抹平，二是不可观测的异质性放大了习惯效应（海恩和达勒姆，1991）。随着微观调查数据的广泛使用，学者们开始运用微观数据考察习惯形成效应。但是基于微观数据的实证研究对是否存在习惯形成同样也存在争议，奈克和摩尔（1996）利用美国家庭微观数据的研究发现食品消费存在习惯形成，而梅吉尔和韦伯（1996）、戴南（2000）分别利用其他美国家庭微观数据的研究发现食品消费不存在习惯形成，前者在交通及服务消费上面也没有发现存在习惯形成效应。此外，研究中也注意到了外部习惯，阿贝尔（Abel，1990）则首次在效用函数中将外部习惯形成纳入其中。

近年来，国内学者以城乡居民消费为对象的习惯形成效应进行了研究，并取得了一定进展，同样结论也不一致。龙志和等（2002）利用300户家庭调查数据证实城镇居民存在习惯形成效应，杭斌等（2008）、杭斌（2009）利用省级数据的研究表明，城乡居民消费都存在明显的习惯形成效应。崔海燕等（2011）利用省级面板数据证明了农村居民消费具有内部习惯形成和外部习惯形成。而艾春荣等（2008）利用11年的省级数据发现城镇居民的食品消费没有习惯形成效应。齐福全等（2007）利用北京市的宏观数据，发现农村居民在总消费及食品上不存在习惯形成，但在衣着消费上存在习惯形成。

有的学者认为研究没有区分耐用消费品与非耐用消费品是不恰当的，这两种消费品在“习惯形成”上的特征是不同的（艾春荣等，2008）。进一步地，艾春荣等（2008）运用省级面板数据的研究发现，在总消费（包括耐用消费品与非耐用消费品）上，城镇及农村居民都具有耐久性，在非耐用消费品的消费上农村居民存在习惯形成效应，而城镇居民几乎不存在。贾男等（2011）在利用微观调查数据CHNS的研究中将食品作为非耐用消费品的代表进行考察，发现城镇居民在食品消费上存在习惯形成。黄娅娜（2014）利用中国城镇居民收入与支出调查数据利用组群方法构造出伪面板，证明了城镇居民在诸如交通通信设施、娱乐设施和家居用品等耐用消费品上表现为耐久性，而在纯食品、交通费、通信费上表现为习惯效应。

大多习惯形成理论研究的是生命周期中消费如何合理配置的问题，但是还有一个方面也值得进行探究，那就是消费结构问题，即消费如何在各种消费品中配置。线性支出系统（LES）、近乎理想需求系统（AIDS）是被最广泛使用的消费需求系统模型。波拉克（1970）与布兰奇福蒂和格林（1983）分别首先在LES和AIDS中纳入内部习惯形成，此后，波拉克（1976）又在LES中讨论了偏好相互依赖（外部习惯形成），阿雷斯和卡普泰恩（1991）则将人口效应、内部习惯形成和偏好相互依赖放在AIDS中。国内在此方面的研究较少，据可查的文献，只有闫新华等（2010）对此做过研究。在他的文章中把内部和外部习惯形成纳入AIDS中，将消费划分为7大类，利用省级面板数据和运用差分广义矩估计对农村居民的研究表明：农村居民的各项消费支出都表现出显著的内部习惯形成，在交通通信、教育文化娱乐服务及医疗保健支出方面则体现了外部习惯形成。本书在已有研究的基础上，使用微观调查数据并利用组群方法构建的伪面板来考察农民工家庭的消费结构的内部、外部习惯形成效应。

7.3 理论模型

AIDS是由迪顿和缪尔鲍尔（Deaton & Muellbauer，1980）提出来的，其思想是在一定的价格前提下为达到一定的效用水平而需要的最小支出。AIDS采用的是独立于价格的一般对数成本函数，表达式为：

$$\log c_t(U,P_t) = (1-U)\log a(P_t) + U\log b(P_t) \qquad (7-1)$$

式（7－1）中，效用指标U处于0和1之间，当$U=0$时代表仅能维持基本生存的效用，而$U=1$则表示极大效用，即极乐状态时的效用。$a(P_t)$与$b(P_t)$为齐次线性函数，分别表示满足上面两种效用时所需的最小支出。

闫新华等（2010）将内部习惯和外部习惯因素考虑到最小支出的约束条件中：

$$\begin{cases} \min \sum_{k=1}^{n} P_{kt}X_{kt} = c_t \\ U(X_{1t},X_{2t},\cdots,X_{nt};h_t^I;h_t^E) = U_0 \end{cases} \qquad (7-2)$$

式（7－2）中，c_t为第t期的总消费，第X_{kt}表示k类商品在第t期的消费，P_{kt}为对应的商品价格，h_t^I,h_t^E分别表示内部习惯和外部习惯的存量。引入拉格朗日函数得到式（7－2）最优化的一阶条件：

$$\begin{cases} \dfrac{\partial L}{\partial X_{kt}} = P_{kt} - \lambda \dfrac{\partial U}{\partial X_{kt}} = 0 \\ \dfrac{\partial L}{\partial \lambda} = U_0 - U(X_{1t}, X_{2t}, \cdots, X_{nt}; h_t^I; h_t^E) = 0 \end{cases} \tag{7－3}$$

给定 P_{kt} 和 U_0，可得到最优需求量：$X_{kt} = f^k(P_{1t}, P_{2t}, \cdots, P_{kt}; U_0)$　（7－4）

将式（7－4）代入式（7－2）中，得到最小总消费支出函数：

$$c_t = \sum_{k=1}^{n} P_{kt} f(P_{1t}, P_{2t}, \cdots, P_{kt}; U_0) \tag{7－5}$$

可求出式（7－5）的反函数，也即是间接效用函数：

$$U_0 = \varphi(P_{1t}, P_{1t}, \cdots, P_{kt}; c_t) \tag{7－6}$$

借鉴布兰奇福蒂和格林（1983）的思路，将习惯因素考虑到式（7－1）中，$a(P_t)$ 与 $b(P_t)$ 的函数为：

$$\log a(P_t) = \alpha_0 + \sum_k (\alpha_k + \delta_k \log X_{kt-1}^I + \theta_k \log X_{kt-1}^E) \log P_{kt} + \frac{1}{2} \sum_k \sum_j \gamma_{kj}^* \log P_{kt} \log P_{jt} \quad \log b(P_t) = \log a(P_t) + \beta_0 \prod_k P_k^{\beta_k} \tag{7－7}$$

式（7－7）中，X_{kt-1}^I 代表反映内部习惯存量的滞后一期消费量，X_{kt-1}^E 代表反映外部习惯存量的滞后一期消费量。δ_k 和 θ_k 分别为内部和外部习惯参数。将 $a(P_t)$ 与 $b(P_t)$ 的函数代入式（7－1），得到支出函数：

$$\log c_t(U, P_t) = \alpha_0 + \sum_k (\alpha_k + \delta_k \log X_{kt-1}^I + \theta_k \log X_{kt-1}^E) \log P_{kt} + \frac{1}{2} \sum_k \sum_j \gamma_{kj}^* \log P_{kt} \log P_{jt} + U\beta_0 \prod_k P_{kt}^{\beta_k} \tag{7－8}$$

由谢泼德引理：$\partial c_t / \partial P_{it} = X_{it}$，两边同时乘以 P_{it}/c_t，得到：

$$\frac{\partial \log c_t}{\partial \log P_{it}} = \frac{P_{it} X_{it}}{c_t} = w_{it} \tag{7－9}$$

式（7－9）中，w_{it} 为第 t 期时第 i 中商品的消费比重。将式（7－9）对 $\log P_{kt}$ 求偏导，得：

$$w_{it} = \alpha_i + \delta_i \log X_{it-1}^I + \theta_i \log X_{it-1}^E + \sum_j \gamma_{ij} \log P_{jt} + \beta_i U \beta_0 \prod_j P_{jt}^{\beta_{jt}} \tag{7－10}$$

其中，$\log P_t^* = \alpha_0 + \sum_k (\alpha_k + \delta_k \log X_{kt-1}^I + \theta_k \log X_{kt-1}^E) \log P_{kt} + \frac{1}{2} \sum_k \sum_j \gamma_{kj} \log P_{kt} \log P_{jt}$

其中，$\gamma_{kj} = (\gamma_{kj}^{*} + \gamma_{jk}^{*})/2$ ，P_{t}^{*} 是特殊价格指数，借鉴斯通（Stone，1954）的价格指数及莫斯奇尼（Moschini，1995）的价格指数调整方法，令 $c_{t}^{*} = c_{t}/P_{t}^{*}$ ，表示实际总消费支出，于是可简化为线性系统：

$$w_{it} = \alpha_{i} + \delta_{i}\log X_{it-1}^{I} + \theta_{i}\log X_{it-1}^{E} + \sum_{j}\gamma_{ij}\log P_{jt} + \beta_{i}\log c_{t}^{*} \quad (7-11)$$

记 P_{ko}^{I} 为消费者自身消费环境中的第 k 类商品或服务的基期价格，I_{kt}^{I} 为 t 期定基价格，c_{kt}^{I} 为 t 期消费，$P_{ko}^{E}, I_{kt}^{E}, c_{kt}^{E}$ 分别为示范者所处环境的消费第 k 类商品或服务的基期价格，t 期定基价格和 t 期平均消费，经过数学变换，得：

$$\begin{aligned} w_{it} = & (\alpha_{i} + \sum_{j}\gamma_{ij}\log P_{j0}^{I} - \delta_{i}\log P_{i0}^{I} - \theta_{i}\log P_{i0}^{E}) \\ & + \delta_{i}(\log c_{it-1}^{I} - \log_{it-1}^{I}) + \theta_{i}(\log c_{it-1}^{E} - \log I_{it-1}^{E}) + \sum_{j}\gamma_{ij}\log I_{jt}^{I} + \beta_{i}\log c_{t}^{*} \end{aligned} \quad (7-12)$$

注意到式（7－12）中 $\alpha_{i} + \sum_{j}\gamma_{ij}\log P_{j0}^{I} - \delta_{i}\log P_{i0}^{I} - \theta_{i}\log P_{i0}^{E}$ 为常数，用 α_{i}^{*} 表示。令 c_{kt}^{I*} 为消费者的实际支出，c_{kt}^{E*} 为示范者的平均消费，有：

$$w_{it} = \alpha_{i}^{*} + \delta_{i}\log c_{it-1}^{I*} + \theta_{i}\log c_{it-1}^{E*} + \sum_{j}\gamma_{ij}\log I_{jt} + \beta_{i}\log c_{t}^{*} \quad (7-13)$$

式（7－13）表示含有内外部消费形成的居民消费结构模型。其中，我们关注的是核心参数 δ_{i} 和 θ_{i} 。如果回归结果显著且 $\delta_{i} > 0$ 、$\theta_{i} > 0$ ，意味着居民消费存在内部和外部习惯形成效应；如果回归结果显著且 $\delta_{i} < 0$ ，则体现了消费的耐久性（迪顿，1992）；如果回归结果不显著，则说明消费不存在明显的特征。

7.4 实证分析及结果

7.4.1 数据来源与变量定义

1. 数据来源

本章数据来源为 3 个微观调查数据的混合截面数据。涉及 2002 年、2007 年、2008 年、2009 年、2011 年、2013 年、2014 年和 2015 年共 8 年的截面数据。其中 2002 年、2007 年、2008 年是中国居民家庭收入调查（CHIPS）数据，2013 年是 CHIPS 和中国劳动力动态调查（CLDS）混合数据，2011 年、2015 年是 CLDS 数据，2009 年、2014 年是中国综合社会调查（CGSS）数据。删除了缺失和无记录及某些关键信息漏缺的样本户，最后得到有效样本共 16648 个。其中 2002 年、2007 年、2008 年、2009 年、2011 年、2013 年、2014 年、2015 年的有效样本数量分别为 1871 个、4942 个、5171 个、1507 个、564 个、1396 个、418 个和 779 个。样本来自十几个省（区、市）的不同城市，有着广泛的代表性。

本章在调查数据中筛选农民工的标准为：具有农村户口，已经离开户口所在地半年以上且在城市工作的农村流动人口。通常在研究消费问题时很难将一个家庭中个人的消费支出完全从整个家庭中剥离出来，因此本书研究对象为农民工家庭的消费支出。需要说明的是，并不是具有血缘关系的成员才构成一个家庭，本书将共同居住，经济共用的家庭（即无论有无血缘关系）视作一个农民工家庭。在构造伪面板时需要根据出生年份定义组群，本书是按户主或主事者①的出生年份作为定义的标准。

2. 变量定义

（1）农民工家庭八大类消费品年消费支出②。采用国家统计局颁布的《居民消费支出分类》（2013 版）分类方法，将居民消费分为食品、衣着、居住、生活用品及服务、交通和通信、教育文化和娱乐、医疗保健、其他用品和服务共八大类。为消除价格变动因素，以 2002 年为基年的农民工家庭所在省（区、市）的城市消费价格指数（2002 年 =100）进行了平减。

（2）城镇居民家庭八大类年消费品消费支出。同样采用八大类的分类方法，为消除价格变动因素，以 2002 年为基年的城镇家庭所在省（区、市）的城市消费价格指数进行了平减。

（3）农民工家庭年消费总支出。以 2002 年为基年的农民工家庭所在省

① 主事者是指在家庭消费中具有决策权的人。

② 这里的消费支出是指消费性支出，即调查户用于本家庭日常生活中，以满足自身和家庭成员需要为目的，经常性、多次性的消费支出，包括食品、衣着、居住、家庭设备用品及服务、医疗保健、交通和通信、娱乐教育文化服务、其他商品和服务八大类等，不包括资本投资类支出，以保值、增值为目的的支出，以及居民最终消费中由政府支出的部分（包括政府在卫生保健、教育等方面的支出）等。城镇居民的消费支出同样定义。

（区、市）的城市消费价格指数（2002 年 =100）进行了平减。

（4）以 2002 年为基年的各年定基消费价格指数。

利用第 6 章的组群分析方法得到伪面板的相关变量的统计性描述见表 7 -1 和表 7 -2。

表 7 -1　两代农民工家庭收入和消费变量的统计性描述（伪面板） 单位：元/年

类别	变量	观测值	均值	标准差	最小值	最大值
第一代农民工	食品消费	212	4870	1159.71	2397	8622
	衣着消费	171	2101	1766.76	215	14253
	居住消费	212	3200	3048.41	543	33326
	生活用品及服务消费	212	1452	1431.26	0	11477
	交通通信消费	189	1743	1487.47	32	15370
	文教娱消费	212	2638	2434.71	38	14121
	医疗保健消费	212	1619	1336.87	218	7440
	其他用品和服务消费	195	1876	3365.03	5	31596
	实际总消费	210	23784	11909.66	7184	77101
	年平均收入	211	32291	15026.40	10335	96586
新生代农民工	食品消费	97	4912	2138.84	1183	13814
	衣着消费	73	2961	2773.69	332	20952
	居住消费	97	4071	11475.18	401	112516
	生活用品及服务消费	97	1554	1392.99	0	8053
	交通通信消费	84	2807	6425.35	0	59010
	文教娱消费	97	1872	2077.52	7	11402
	医疗保健消费	97	1741	2541.16	21	20380
	其他用品和服务消费	84	1853	2086.78	3	9437
	实际总消费	97	28226	33633.67	2340	332408
	年平均收入	97	40187	25742.12	5669	185699

表 7 -2　城镇总样本家庭消费变量的统计性描述（伪面板） 单位：元/年

变量	观测值	均值	标准差	最小值	最大值
食品消费	322	7194	2133	3372	25742

续表

变量	观测值	均值	标准差	最小值	最大值
衣着消费	227	3656	2432	799	31293
居住消费	322	3345	2352	810	25367
生活用品及服务消费	287	2409	3441	0	40547
交通通信消费	287	3904	4690	61	53995
文教娱消费	322	4790	3694	375	30929
医疗保健消费	322	2589	2624	591	42627
其他用品和服务消费	322	3481	3799	448	41394

7.4.2　估计方法

由于式（7－13）中加入了变量 $\log c_{it-1}^{I*}$ 等，所以是一个动态面板模型，如果进行组内估计，会使 $E(u_i \mid X) \neq 0$（假设 X 为解释变量，u_i 为干扰项），从而产生内生性问题，会导致组内估计的不一致。此外如果方程中存在无法观测的个体效应，它可能与滞后的内生变量相关，导致有偏估计。通常解决内生性问题的办法就是由阿雷拉诺和邦德（1991）提出的差分广义矩（DIF GMM）进行估计。该方法假设残差项的一阶差分 Δu_{it} 和所有的因变量 Y_{it} 及滞后两期及之前的解释变量 X_{it} 都不相关，所以这些值都可作为 $\Delta Y_{i,t-1}$ 的工具变量，利用差分广义矩能得到更有效的估计量。对式（7－13）进行一次差分，可消除特殊的个体效应，但这时得到的 $\Delta\log c_{it-1}^{I*}$ 是内生变量，要得到一致估计必须寻找合适的工具变量。安德森和萧（Anderson & Hsiao，1981）提出，如果误差项 $\{u_{it}\}$ 无自相关，可用 $y_{i,t-2}$ 及更高阶滞后变量 $\{y_{i,t-3}, y_{i,t-4}, \cdots, y_{i,t-n}\}$ 能够成为有效工具变量集。但是需要：（1）假设干扰项 u_{it} 不存在序列相关，且差分后 u_{it} 的 AR（2）不能相关；（2）干扰项 u_{it} 与工具变量不相关。满足这两个条件后的一阶差分 GMM 估计才能有一致性。对应的检验方法分别是 Arellano-Bond 自相关检验和 Sargan 过度识别约束检验。式（7－13）中除了 $\log c^{I*}_{it-1}$ 是内生变量外，变量 $\log c_t^*$ 也是内生变量，在 Stata 软件的 xtabond2 命令中，内生变量进入广义矩选项（gmmopt）并使用一定的滞后阶数，外生变量（$\log c_{t-1}^{E*}$ 和 $\log I_{jt}$）将进入工具变量选项（ivopt）。

7.4.3 回归结果及分析

由组群方法构建的伪面板模型如式（7－14）：

$$w_{ikt} = \delta_i \log c^{I_{ikt-1}^*} + \theta_i \log c^{E^*}_{ikt-1} + \sum_j \gamma_{ij} \log I_{jkt} + \beta_i \log c^*_{kt} + \eta_{ik} + u_{ikt} \tag{7-14}$$

$i=1, 2, \cdots, 8$　$k=1, 2, \cdots, 43$　$t=2002, 2007, 2008, 2009, 2011, 2013, 2014, 2015$

式（7－14）中，i 代表不同的消费，本书是八大类；t 代表不同的组群；k ikt代表模型所涉及的年份；w_{ikt}为第 i 类消费占八大类消费的比重，食品、衣着、居住、生活用品及服务、交通和通信、教育文化和娱乐、医疗保健、其他用品和服务的消费比重分别为 $w_1 \sim w_8$，共有 8 个估计方程；η_{ik}代表反映不同组群特征的个体效应；$\log c^{I_{ikt-1}^*}$为农民工家庭第 i 类消费的滞后一期，反映了内部习惯形成；$\log c^{E_{ikt-1}^*}$为城镇居民家庭第 i 类消费的滞后一期，反映了外部习惯形成；$\log I_{jkt}$为第 j 类定基消费价格指数；$\log c^*_{kt}$ 为农民工家庭当期实际总消费；u_{ikt}为干扰项。具体的估计过程中，将 $\log I^*_{ikt-1}$及 $\log c^*_{kt}$ 作为内生变量，$\log I_{jkt}$和 $logE^*_{ikt-1}$作为外生变量。利用 Stata13 对农民工家庭总体样本进行差分广义矩估计，得到的结果如表 7－3 所示。

表 7－3　农民工家庭总体样本消费结构差分 GMM 估计

参数估计	w_1	w_2	w_3	w_4	w_5	w_6	w_7	w_8
δ	－0.094 （－3.24***）	—	－0.064 （－2.76***）	－0.013 （－1.59）	—	0.028 （1.97**）	－0.122 （－1.72*）	—
θ	0.050 （2.23**）	—	－0.018 （－0.92）	0.010 （1.04）	—	－0.024 （－1.37）	－0.005 （－0.39）	—
β	0.092 （1.78）	—	0.135 （1.90*）	0.051 （2.20**）	—	－0.109 （－2.04**）	－0.085 （－1.44）	—
γ_{i1}	－0.441 （－2.63***）	—	4.236 （3.27***）	1.011 （3.94***）	—	0.990 （3.24***）	—	—
γ_{i2}	—	—	4.942 （2.15**）	—	—	—	—	—
γ_{i3}	—	—	－8.199 （－3.53***）	—	—	－2.317 （－3.41***）	—	—

续表

参数估计	w_1	w_2	w_3	w_4	w_5	w_6	w_7	w_8
γ_{i4}	—	—	—	-1.146 (-1.51)	—	—	—	—
γ_{i5}	5.456 (4.96***)	—	14.855 (3.25***)	4.383 (4.99***)	—	—	—	—
γ_{i6}	-2.175 (-2.87***)	—	-3.523 (-0.72)	—	—	1.738 (2.83***)	-2.593 (-2.13**)	—
γ_{i7}	2.762 (3.42***)	—	—	—	—	—	2.925 (1.90*)	—
γ_{i8}	—	—	—	—	—	—	-0.953 (-1.43)	—
观测值	167	—	159	162	—	—	165	—
AR (1) 检验 P 值	0.004	—	0.081	0.010	—	0.002	0.010	—
AR (2) 检验 P 值	0.567	—	0.291	0.289	—	0.978	0.215	—
Sargan 检验 P 值	0.473	—	0.888	0.672	—	0.928	0.723	—

注：括号内为 t 统计量，***、**、* 分别代表在 1%、5% 和 10% 的水平上显著，标准差为稳健标准差。下同。

1. 农民工总体样本回归结果与分析

表 7－3 的结果给出了第 1、第 3、第 4、第 6、第 7 类消费的回归结果。第 2、第 5、第 8 类消费由于数据缺失的原因没能得到回归结果或没通过自相关检验和 Sargan 过度识别约束检验。回归结果表明：（1）农民工家庭食品类消费的回归在 5% 的显著性水平上呈现外部形成习惯效应，而滞后一期的食品消费为负数，呈现耐久性。近年来我国城乡居民的恩格尔系数在不断下降，2017 年的该数据已经不到 30%，同样，农民工的食品类消费开支占比也越来越低，对于农民工来讲，食品已经没有纳入谨慎消费的范围了。同时城市中的餐馆超市林立，无处不在，怎样“吃饭”是农民工最容易接触也易于接受的消费方式，城市居民的诸如购买食物和外出就餐的生活方式也不可避免地影响农民工，所以农民工食品类消费呈现外部习惯形成。农民工家庭食品消费呈现耐久性，与我们常识不符，可能与样本的收入较低有关系（黄娅娜等，

2014）。（2）农民工家庭居住消费与医疗保健消费的滞后一期分别在1%和10%的水平上显著，系数为负，消费呈现耐久性，不存在外部习惯形成效应。虽然居住消费支出数据不包括投资部分（即购房），农民工在城市大部分都是租房居住①，但是租金大多也是半年或一年缴纳，相当于一次性购买服务后分次消费，有耐用品消费的含义在里面，所以表现出耐久性。同样，医疗保健也是典型的耐用消费品（服务），也表现出耐久性质。（3）在生活用品及服务消费上面，既不存在内部习惯形成，也不存在外部习惯形成。应该清楚的是，在生活用品及服务的消费中，包含许多家庭用耐用品，而与非耐用品不同的是，耐用品消费体现的是效用的替代关系而非互补关系，但是样本数据并没有区分生活用品中的耐用品与非耐用品，而是一个总体数据，所以应是在综合作用下的一个结果。另外，城镇居民家庭的生活用品消费也没有对农民工起到示范作用，可能的原因是两代农民工的数据混合在一起，但两代农民工的消费特点是不一样的，在耐用品方面，第一代农民工的生活用品偏向于传统家居设备，而新生代农民工更偏向于快消电子产品。（4）文教娱消费在5%的显著水平上呈现内部习惯形成效应，而无外部习惯形成效应。这反映了农民工的收入仍处在较低的水平，用于此方面的消费仍然较少，更多的是遵循自身原来的消费习惯，不可能像城市居民那样投入更多金钱在子女教育和受再教育、娱乐和文化享受上面。

2. 两代农民工样本回归结果与分析

自学术界将农民工划分为第一代农民工与新生代农民工以来（王春光，2001），对新生代农民工消费的研究以及两代农民工的消费比较就一直没间断，主要集中在：新生代农民工炫耀性消费行为（闫超，2012）、新生代农民工家庭消费水平和结构（刘妮娜等，2013；金晓彤等，2014）、两代农民工消费水平与消费结构的比较（王美艳，2017）等。总体来说，这些研究以实地调查描述、计算消费弹性为主，但是包含习惯形成效应的农民工消费行为的研究尚未发现。表7－4和表7－5给出了差分广义矩估计的两代农民工家庭消费的结

① 流动人口租住私房占63.8%，由单位或雇主免费提供住房占9.4%，自购住房占17.5%。资料来源：国家卫生和计划生育委员会流动人口司．中国流动人口发展报告2017［M］．北京：中国人口出版社，2017.

果。某些类型消费由于数据缺失的原因没能得到结果或没通过自相关检验和 Sargan 过度识别约束检验。回归结果表明：（1）两代农民工家庭的食品类消费都呈耐久性，如上所述，可能是调查样本收入较低的原因导致。第一代农民工家庭食品类消费呈现出外部习惯形成效应，而新生代农民工则无外部习惯形成效应。前者在二三十年前进入城市工作和生活，生活较为节俭，但是一日三餐，最易受到城市居民食品消费的影响，表现出外部习惯形成效应。后者相对年轻，最近十多年来经济发展迅速，在食品消费上面城乡差距大大缩小，许多年轻农民工进城前食品消费与城市相差并不大，所以没有表现出明显的外部习惯形成效应。（2）新生代农民工居住消费受到城市居民的影响，即外部习惯形成效应。新生代农民工由于年龄相对较轻，收入相对较高，容易接受新事物和喜欢享受较高的生活水准，更容易接受城市居民那样的居住环境，所以对居住条件有较高的要求。如表 7－1 所示，新生代农民工样本家庭平均收入为 40187 元，居住平均消费为 4071 元，而第一代农民工对应的数字分别为 32291 元和 3200 元，可见新生代农民工在居住上花费更多。第一代农民工居住消费则体现了耐久性，原因如上所述，租房是一次性支出、多次消费。（3）第一代农民在文教娱消费和其他商品和服务消费上面存在显著的内部习惯形成，即受自身以前消费习惯的影响。文教娱消费和其他商品和服务消费①相对基本生活消费支出而言是较为“高级”的消费，只能在解决基本生存需求后，收入有较大增长、消费方式升级后才可能在这两方面花费更多。作为第一代农民工考虑更多的是整个家庭的开支，负担较重，收入相对较少，所以在这两方面投入较少，习惯于以前农村对文教娱等不甚丰富的消费方式（也说明在此类消费上第一代农民工的内部习惯偏向于农村消费方式）；新生代农民工在文教娱方面的消费无外部习惯形成效应。新生代农民工家庭在文教娱的平均消费为 1872 元，虽然少于第一代农民的 2638 元（更多的是花费在子女教育上），但是一方面家庭负担较轻（户均 2. 2 人，第一代户均 2. 8 人），有能力在文教娱上面投入更多，另一方面随着城镇化水平提高，城乡经济发展水平差距缩小，新生代农民工在进城前（部分年少时就随父母进城或出生在城市）已经接受

① 其他商品和服务包括首饰、手表、箱、包、婴儿用品、丧葬、祭祀用品、旅馆住宿、美容、美发和洗浴、社会保护、保险、金融等。

了城市文教娱消费方式（或已提前享受此类消费产品与服务），他们的内部习惯更偏向于城市消费模式，所以并没有表现出显著的外部习惯形成效应。同时，新生代农民工家庭在文教娱消费上呈现耐久性，体现了其耐用品和“生产性消费”（Steger，2000）的性质，即现在的支出会给将来带来更多收入。面对城市中的竞争压力，新生代农民工只有不断“充电”，提高自身素质和增加知识储备才能立足和找到更好的工作。文化和教育也是分次消费完成，属于耐用品范畴。（4）在生活用品及服务消费方面，虽然总体样本并没有表现出习惯形成和耐久性，但两代农民工分样本的习惯形成效应并不一样。第一代农民工表现出消费的耐久性，而新生代农民工表现出消费的外部习惯形成。对前者而言，家庭主要是购买如电视、洗衣机、冰箱、家具等耐用品，而后者因为更年轻，消费观与城市青年较为一致，购买更多的是智能手机、平板电脑、游戏机等电子快消品，表现出消费的外部习惯形成。（5）第一代农民工在医疗保健方面的消费没有表现出习惯形成效应。虽然大部分农民工都参加了新农合，但只有少数人拥有城镇医保①，对农民工来说，城市医保费用是昂贵的，这意味着：一方面，农民工即使有疾病也不敢随意上医院就诊；另一方面，在城市生活的农民工也不会轻易离开城市回到家乡看病。因此内部和外部习惯形成在医疗保健消费上并不显著。

表7-4　　第一代农民工家庭消费结构差分 GMM 估计

参数估计	w_1	w_2	w_3	w_4	w_5	w_6	w_7	w_8
δ	-0.135 (-2.35**)	—	—	-0.030 (-2.18**)	—	0.043 (2.87***)	0.013 (0.48)	0.024 (2.77***)
θ	0.046 (3.4***)	—	—	-0.00 (-0.00)	—	0.008 (0.30)	0.008 (0.41)	-0.010 (-0.41)
β	-0.044 (-0.95)	—	—	-0.023 (-0.87)	—	-0.035 (-0.90)	0.011 (0.46)	0.125 (1.47)
γ_{i1}	-2.022 (-2.14**)	—	—	1.616 (3.13***)	—	—	-0.078 (-0.31)	—

① “仅17%农民工有城镇医保”的警示，新华网，http：//www.xinhuanet.com//comments/2017-11/29/c_1122026863.htm.

续表

参数估计	w_1	w_2	w_3	w_4	w_5	w_6	w_7	w_8
γ_{i2}	—	—	—	—	—	—	—	-13.495 (-2.49**)
γ_{i3}	0.866 (3.04***)	—	—	9.170 (1.77*)	—	-1.345 (-3.30***)	—	—
γ_{i4}	-0.277 (-0.19)	—	—	-17.667 (-1.98**)	—	2.273 (3.01***)	—	—
γ_{i5}	—	—	—	—	—	—	—	—
γ_{i6}	—	—	—	—	—	2.509 (0.90)	—	24.885 (2.02**)
γ_{i7}	—	—	—	—	—	—	0.474 (0.95)	—
γ_{i8}	4.483 (2.06**)	—	—	—	—	—	-0.266 (-0.35)	-0.053 (-0.24)
观测值	126	—	—	79	—	126	126	92
AR（1）检验 P 值	0.046	—	—	0.024	—	0.011	0.096	0.004
AR（2）检验 P 值	0.219	—	—	0.125	—	0.308	0.159	0.961
Sargan 检验 P 值	0.264	—	—	0.721	—	0.807	0.687	0.178

注：括号内 t 为统计量，***、**、* 分别代表在 1%、5% 和 10% 的水平上显著，标准差为稳健标准差。

表 7-5　　新生代农民工家庭消费结构差分 GMM 估计

参数估计	w_1	w_2	w_3	w_4	w_5	w_6	w_7	w_8
δ	-0.233 (-2.75***)	—	-0.143 (-2.61***)	-0.010 (-1.32)	—	-0.049 (-2.26**)	—	—
θ	0.039 (0.61)	—	0.048 (1.88*)	0.021 (2.69***)	—	0.008 (0.62)	—	—
β	-0.123 (-1.92*)	—	0.075 (0.39)	0.050 (2.33**)	—	0.029 (0.72)	—	—
γ_{i1}	-3.738 (-1.25)	—	-0.395 (-0.31)	—	—	5.646 (1.78*)	—	—
γ_{i2}	—	—	-1.034 (-1.14)	-3.494 (-3.50***)	—	—	—	—

续表

参数估计	w_1	w_2	w_3	w_4	w_5	w_6	w_7	w_8
γ_{i3}	0.241 (0.35)	—	0.905 (0.37)	—	—	—	—	—
γ_{i4}	−0.590 (−0.23)	—	—	5.852 (3.19***)	—	1.128 (0.59)	—	—
γ_{i5}	11.292 (1.60)	—	—	—	—	—	—	—
γ_{i6}	—	—	—	—	—	−7.000 (−1.86*)	—	—
γ_{i7}	—	—	—	—	—	—	—	—
γ_{i8}	—	—	—	—	—	−12.830 (−1.82*)	—	—
观测值	41	—	41	31	—	41	—	—
AR（1）检验 P 值	0.043	—	0.045	0.017	—	0.067	—	—
AR（2）检验 P 值	0.419	—	0.445	0.369	—	0.422	—	—
Sargan 检验 P 值	0.281	—	0.597	0.699	—	0.145	—	—

注：括号内 t 为统计量，***、**、*分别代表在1%、5%和10%的水平上显著，标准差为稳健标准差。

为便于观察各消费类型的耐久性和内部习惯形成，表7－6给出了详细说明。

表7－6　　各类商品或服务的耐久性和内部习惯形成

样本	食品	衣着	居住	家庭设备用品及服务	交通和通信	娱乐教育及文化服务	医疗保健	其他商品和服务
农民工总体样本	－		－			＋	－	
老一代农民工样本	－			－		＋		＋
新生代农民工样本	－		－			－		

注：“－”表示商品消费的耐久性，“＋”表示消费存在内部习惯。只列出显著水平上的符号。

7.5　结论及政策启示

本章通过组群方法构造了基于微观调查数据的伪面板对包含习惯形成效应的农民工家庭的消费结构进行了考察。这是国内研究中首次进行这方面的尝试。尽管使用的是伪面板，但严格选择样本和适当的估计方法，加之处理了个体效应和测量误差问题，使得最后的估计结果真实可信。除了考察农民工家庭消费的内部和外部习惯形成效应外，还对不同消费品的耐久性进行了检验。结果显示：第一，农民工总体样本显示，食品类消费呈现外部形成习惯效应；居住消费与医疗保健消费呈现耐久性，不存在外部习惯形成效应；文教娱消费呈现内部习惯形成效应；在家庭设备用品及服务消费上无习惯形成效应。第二，两代农民工家庭消费的习惯形成与消费行为有较大不同。新生代农民工居住消费呈现耐久性和外部习惯形成效应；第一代农民工在文教娱消费和其他商品和服务消费上存在内部习惯形成，新生代农民工在文教娱方面的消费呈现耐久性，而无外部习惯形成效应；在家庭设备用品及服务消费方面，第一代农民工表现出消费的耐久性，而新生代农民工表现出消费的外部习惯形成。概况而言，新生代农民工消费行为更易受外部消费习惯影响，而第一代农民工更易受内部习惯形成影响。另外，文中暗藏的含义是：第一代农民工更靠近原来农村的消费模式，而新生代农民工更接近城市的消费模式。

研究农民工的习惯形成对于准确定位农民工的消费模式，进而制定相关政策措施，提振消费具有重要意义。我国城镇化在不断推进中，农民工也在逐渐市民化，从本书揭示的内容看，第一代农民工消费趋于保守，新生代农民工消费更接近城市模式。从结论可以得到一些启示：

第一，逐步建立完善的社会保障制度与用工制度，减少不确定性因素对农民工的影响。在经济高速发展和经济转型的国情下，社会保障体制的健全尤为重要，具有“社会稳定器”的功能，起到安定社会生活的作用。完善的社会保障制度一方面可缓解农民工的谨慎心理，减少不确定性，另一方面可提高农民工的边际消费倾向，消费升级，释放更多的消费潜能。

第二，加快户籍制度改革，增强农民工的城市认同感。特别是对于新生代农民工而言，他们对城市的认同已经超过农村，已经不可能再回去。应加快他们的市民化脚步，消除市民认同模糊感。乡村振兴战略规划（2018～2022年）也提出，加快推进户籍制度改革，全面实行居住证制度，促进有能力在城镇稳定就业和生活的农业转移人口有序实现市民化。

第三，大力推进城市公租房和廉租房的建设，让农民工能在城市安居乐业。没有稳定的住所，农民工是不会长期停留在城市的。政府应明确住房优先保障对象，加大对公共租赁住房等保障性住房的投入力度，将农民工纳入公积金制度实施范围。

第四，加强对年轻农民工的教育培训，提升他们的素质。职业教育和技能培训给年轻农民工提供了继续教育的机会，拓展了职业进一步发展的空间。要完善农民工职业技能培训制度，技能培训要有针对性，培训形式要多样性。

第五，开发新的消费热点，加强对年轻农民工的消费意识和消费观念的宣传，引导新生代农民工合理消费。第一代农民工基本还遵循传统的农村消费模式，保守、节俭、注重储蓄。新生代农民工由于成长的时代与空间不同，有更多机会体验新的消费工具和消费模式，消费心理趋于前卫，也更注重生活的品质，消费模式更接近城市居民。因此，应引导新生代农民工正确消费、合理消费，提升他们的消费能力。

第六，发展消费信贷市场，减少农民工的流动性约束等。我国消费信贷市场发展滞后，农民工尤其是新生代农民工较难通过借贷进行消费，受到很强的流动性约束，不利于消费的提升。为此，应加快发展我国的消费信贷市场，缓解流动性约束对农民工消费的影响。

第 8 章

实地访谈农民工

2017 年 1 ~2 月，本课题组的同学们利用寒假期间在各自的家乡对返乡过春节的两位农民工的访谈记录。为保护隐私，略去了被采访者的具体信息。

8.1　1984 年出生的受访者记录

采访者：好，我们现在开始录音，刘先生，请您自我介绍一下您自己！

被采访者：好的，我是来自浙江省嘉兴市杨柳湾 × ×号 × ×栋 × × ×的受访者，我出生于 1984 年，我叫刘 × ×，性别男。

采访者：好的，刘先生，您家的户主是谁呢?

被采访者：户主是我妈妈。

采访者：请问您今年的年龄有多大?

被采访者：32 岁。

采访者：请问您结婚了没有呢?

被采访者：结婚了。

采访者：那么请问您是少数民族还是汉族?

被采访者：汉族。

采访者：那您的文化程度?

被采访者：大专。

采访者：您家里有几个劳动力呢?

被采访者：现在是 4 个。

采访者：4 个，那您家一共有多少人呢?

被采访者：一共的话是 5 个人。

采访者：那么，就是在您进城之前的话，您家农村户口有几个人？

被采访者：农村户口的话是 3 个。

采访者：那您小的时候有没有做过农活什么的呢？

被采访者：做过呀，肯定做过。

采访者：您做农活一般是做什么呢？

被采访者：小时候做农活的话，一般就是插秧呀什么的。

采访者：那您在小的时候或者说在上学的时候有没有过留守的经历呢？

被采访者：有。

采访者：主要留守的话，是自己寄宿在学校还是在亲戚家里面呢？

被采访者：一般都寄宿在亲戚家里面。

采访者：那您现在的话有几个小孩？

被采访者：现在有 1 个。

采访者：您的家中有没有村干部、国家干部或者说共产党员之类的？

被采访者：没有。

采访者：在进城前的话您在农村一个月能挣多少钱呢？

被采访者：农村几百块钱。

采访者：那在进城之前您在农村的消费主要用在哪些方面呢？

被采访者：主要用在生活、伙食，这个买服装，等等。

采访者：嗯，就是，比如说生活的话您大概能用多少钱呢？平均下来的话一个月能用多少钱？

被采访者：在农村也就几百块钱，主要那些菜呀都是自己种的嘛，主要就是买一些必需品。

采访者：在服装上面的支出大概占您在农村消费支出的多少呢？百分之多少呢？

被采访者：10% 左右吧。

采访者：10% 左右，那您在农村的话有没有比如说应酬交际费用呀、学习培训费用呀这些费用的支出呢？

被采访者：应酬交际肯定有的嘛，学习培训应该没有多少。

采访者：那您是在什么时候去哪个城市打的工呢？

被采访者：在 2008 年到浙江嘉兴。

采访者：您在城里面的工作是通过什么样的方式找到的呢，比如说网上招聘，或者一个店一个店问呀，或者朋友介绍呀什么的？

被采访者：自己也找过，主要是后来朋友介绍的。

采访者：那能问您一下，您为什么要出来打工呢？

被采访者：为什么出来打工嘛，主要是改变一下生活质量，提高一下生活条件，主要是（提高生活质量）。

采访者：那您现在在城市主要从事的职业是什么呢？

被采访者：主要负责的是私人企业里面的房产拆迁项目。

采访者：那最近几年的话您在城里打工一个月能挣多少钱？

被采访者：一个月平均下来六七千块钱。

采访者：那您在城里的消费主要用于哪些呢？一个月能花多少钱呢？

被采访者：城里的消费主要用于子女教育费用呀，伙食费用呀，还有通信费用呀，还有就是出门的差旅费呀。

采访者：能具体说一下大概一个月在城里能花多少钱呢？

被采访者：城里一个月要花三千多吧。

采访者：要花三千多，那各自的比重是多少呢，比如您刚刚说的子女教育费呀，伙食费呀，通信费呀，还有外出的差旅费呀，这些各自的比重您能详细说一下嘛？

被采访者：这个子女教育费的话平均一个月 5% 吧，还有这差旅也有 5% 吧，这伙食费相对高一点儿，10% 左右，通信费差不多 10% 。

采访者：好的，那您认为比较理想的月收入是多少呢？

被采访者：比较理想的那当然是越多越好啦，在能力范围内越多越好。

采访者：您认为是多少？说一个具体的数字。

被采访者：15000 ~ 20000 元吧。

采访者：哦，15000 ~ 20000 元，那您目前所在的岗位有没有涨过工资呢？

被采访者：涨肯定涨过。

采访者：涨的工资幅度大不大呀？

被采访者：幅度不是很大。

采访者：那您是否经常加班呢？

被采访者：根据需要，偶尔会加班。

采访者：那您有没有加班费呢？

被采访者：加班的费用嘛，也有。

采访者：平均下来的话，大概每次加班能拿到多少的加班费呢？

被采访者：每个月的话大概有10%左右吧，不多出10%（占总工资的比重）。

采访者：那每个月的话您存不存钱呢？能存多少钱？

被采访者：能存两千到三千块钱吧。

采访者：如果说存钱的话，您的那个存钱目的是什么呢？

被采访者：存钱目的是那个到时候买房按揭房呀什么的，还有（存钱）像买个保险一样，存点钱预防意外，突发事件什么的。

采访者：那您有没有超前消费，我们年轻人嘛，都喜欢把下个月的钱用到这个月，那您有没有这个习惯呢？

被采访者：基本上没有。

采访者：那您在城市的话您是以何种方式住宿的呢？

被采访者：住宿的话，我们一般都是跟着项目走，住宿的话都是公司解决。

采访者：您在城里的话都是和哪些人相交往呢？比如说老板呐、工人呐，还有项目负责组呀什么的。

被采访者：都要交流呀，跟老板，跟工人，有的时候我们施工方跟甲方也要沟通协调。

采访者：您认识户口在城里的年纪差不多的朋友吗？他们的收入和消费情况如何？

被采访者：认识几个，不算朋友吧，只是熟人。感觉他们收入还是比我高一些，大概多一两千吧。说到消费，要比我们强多了，不知道哪里来那么多钱。（笑）

采访者：能具体说说吗？

被采访者：一个是买房，我认识的几个人差不多都买了房子，一两百万，可能是家里出的钱。一个是平常消费也比较大方，比如经常出去吃饭、唱歌、旅游、健身什么的。

采访者：您觉得您的消费跟他们比有没有区别？

被采访者：有区别，我也想玩，但是家庭条件不好，有负担，不敢像他们那样玩儿。

采访者：但您在城市消费还是要比在农村消费高多了。

被采访者：当然，城里消费就这样，不得不花这么多钱。等我有了钱，也能像他们那样消费。

采访者：那您在工作之外您的业余活动主要是什么呢？

被采访者：业余活动的话也就是上上网什么的。

采访者：还有其他的吗？

被采访者：有的时候还唱唱歌呀什么的。

采访者：那您的工作职位是什么呢？

被采访者：部门主管。

采访者：您这个项目组的话还是比较特殊的，那您在进城之后有没有换过工作呢？

被采访者：换过呀，之前找的（工作）不是太满意嘛就换了。

采访者：之前的话您是从事的什么类型的工作呢？

被采访者：之前送过快递，做过销售员呀，但是没有做多久。

采访者：那您每天都工作时间有多长？

被采访者：工作时间不固定，工作忙的话长一点，时间不长的话相对短一点，反正就是几个小时。

采访者：那您有没有参加基本的养老保险呀，医疗保险呀，失业保险和工伤保险。

被采访者：这都是由公司统一买的。

采访者：那您和现在的公司有没有签合同呢？

被采访者：签了。

采访者：您认为您现在的工作中还有哪方面的权利急需保护呢？

被采访者：权利的话可能就是社会保险福利方面（有待改善）。

采访者：就是您公司的话现在在社会保险福利方面完善还不够嘛？

被采访者：不对不对，也不是说不够，就是比起其他的方面要差一点嘛。

采访者：您对您所在打工城市的看法是怎样的呢？想不想长期留下来呢？

被采访者：想长期留下来呀，前面也说了，城市里的生活条件和生活质量肯定比农村要好得多。

采访者：那您想不想自己的子女留在您现在打工的这个城市呢？不回农村去呢？

被采访者：想肯定想的，但之后还要看他自己，看他大学毕业之后是如何打算的。

采访者：那您对您现在的工作状态是否满意呢？

被采访者：基本满意吧。

采访者：您在未来这一年的话，最想做的事情是什么呢？

被采访者：最想做的肯定是多挣点钱呀。

采访者：那您未来的长期打算比如事业上面，家庭上面呀，在这些上面有什么打算呢？

被采访者：长期打算的话，先把手头的这个项目做完嘛，长期的暂时还没想那么多。

采访者：那好，谢谢您接受我的采访。

8.2 1991 年出生的受访者记录

采访者：好，现在开始我们的采访，您好，请您自我介绍一下您自己。

被采访者：您好，我是重庆市丰都县（南天湖镇）义和村 ×组的受访者，姓名王 ×，性别男，出生于 1991 年的 1 月 31 日。

采访者：好的，请问一下您家的户主是谁呢？

被采访者：户主是我爸爸。

采访者：您结婚了没？

被采访者：结婚了。

采访者：您应该是汉族吧？

被采访者：对啊。

采访者：在丰都县的话少数民族还是很少的。

被采访者：对。

采访者：您的文化程度是？

被采访者：就是一个初中毕业。

采访者：哦，初中毕业，在您家有几个劳动力呢？

被采访者：应该有 3 个到 4 个吧。

采访者：不是，先生，您应该是清楚您家的劳动力是一个什么情况吧。

被采访者：劳动力？

采访者：对。

被采访者：4 个。

采访者：您家总共有几口人呢？

被采访者：4 口人。

采访者：那您这四口人中农村户口所占总人数有多少人呢？

被采访者：两个。

采访者：两个呀？

采访者：那您在小的时候有没有从事农活，或者现在有没有经常从事农活呢？

被采访者：偶尔，偶尔从事农活，只是帮父母减轻一些负担。

采访者：那您家中是否有村干部、国家干部或者说共产党员呢？

被采访者：有，村干部有。

采访者：您现在是在哪儿打工呢？

被采访者：重庆。

采访者：那在重庆打工之前在老家的话一个月能挣多少钱呢？

被采访者：在老家的话，在老家基本上没多少。

采访者：那您在进城前的话花费主要在哪些地方呢？

被采访者：生活用品吧。

采访者：还有没有其他方面的呢？

被采访者：通信费呀，像那种娱乐住房这块，上网。

采访者：在老家的话还有住房这块的消费吗？没有吧？

被采访者：这没有。

采访者：在老家的话这方面应该是没有的，在老家的话您一个月大概能花费多少钱呢？

被采访者：在老家一个月可能几百块左右吧。

采访者：几百块钱，这几百块钱的构成比例是怎样的呢？比如说服装占总花费的百分之多少，娱乐花费占总花费的百分之多少，您能说一下嘛？

被采访者：基本上通信费应该在10%左右吧，然后医疗方面的花费占20%左右。

采访者：那其他方面呢？

被采访者：其他方面，就是服装生活用品的话占30%左右。

采访者：那

采访者：还是挺高的，在重庆西南这块的话，这个工资水平还是算很好很好的了，那您在城市的生活消费主要是用在哪些方面呢？

被采访者：也是基本上是之前说的，子女教育呀这块用得比较多，然后住房、上网、娱乐。

采访者：您能具体说一下最近几年您在重庆每个月能花多少钱嘛？平均下来。

被采访者：平均下来的话每个月在 5000 元左右吧。

采访者：每个月 5000 元左右，这 5000 元构成能跟我说一下嘛，各占的比例。

被采访者：各占的比例呀，当然是子女教育那一块肯定要多一点，那个应该占了 50%。

采访者：那其他方面呢？

被采访者：其他就是服装、住房、上网这些平均在 10% 左右。

采访者：好的，那在您看来自己理想的月收入是多少呢？

被采访者：月收入呀，理想的话应该在 10000～20000 元吧。

采访者：那您目前的岗位有没有上涨过工资呢？

被采访者：这个是自己能力（决定的），能够做多少就有多少。

采访者：那您是否经常加班呢？

被采访者：没有。

采访者：没有经常加班呀？

被采访者：偶尔。

采访者：偶尔加班的话这个加班费能拿多少？

被采访者：这个加班是看自己的意思，自己做多少拿多少，不是靠公司强制安排的。

采访者：那在您单位的话您老板有没有拖欠过您工资呢？

被采访者：没有。

采访者：那您老板还是挺好的，您每个月有存钱嘛？

被采访者：有。

采访者：那您大概能存多少呢？

被采访者：大概的话存三四千。

采访者：那您存钱的目的是用来做什么呢？比如说子女教育，以后买房买车，还是说自己存钱是为了到外面去旅游什么的？

被采访者：应该是子女教育，然后可能买房。

采访者：这我相信您不久就会实现的，应为现在的房价有所下降有所抑制的，那您有没有这种习惯，就是把下个月的钱用在这个月？就是超前消费的行为。

被采访者：很少。

采访者：很少，那您有经常寄钱回老家嘛？

被采访者：偶尔吧。

采访者：偶尔呀，那您寄钱回老家的主要目的是什么呢？

被采访者：为了能让父母过得好一点。

采访者：那么您在城市是怎样住宿的呢？住的工地还是租房子住？或者说其他方式？

被采访者：租房子住。

采访者：您在城市交往的人主要有哪些？同学呀，工友呀，老板，经理？

被采访者：应该就是工友比较多，然后就是外面的朋友。

采访者：你认识户口在城里年纪差不多的朋友吗？他们的收入消费情况如何？

被采访者：有几个城里头的朋友。说到收入，有的感觉还不如我，4000～6000 元的样子吧，但是用钱比我大方。

采访者：为什么？能具体说说他们的消费吗？

被采访者：可能还是妈老汉（父母）有工作嘛，有积蓄。他们喜欢玩，打游戏，开车出去耍，打平伙（出去吃饭），买手机这些。

采访者：您觉得您的消费跟他们比有没有区别？

被采访者：有区别，他们舍得耍，（他们）本来是城里头的人嘛，过惯了这种生活。

采访者：等您有了条件后，会不会像他们那样消费？

被采访者：那就敢了，城里头的生活还是要好耍些。

采访者：那在工作之余，您的业余活动主要是什么呢？

被采访者：业余活动嘛，偶尔喊几个朋友出来玩一下。

采访者：比如说玩儿，一般玩什么呢？

被采访者：就是吃吃饭，喝喝酒，唱唱歌。

采访者：您现在每天的工作时间大概有多长呢？

被采访者：每天 8 ~ 10 个小时吧。

采访者：那您公司有没有给您买医疗保险、失业保险、工伤保险这些保险？

被采访者：这种私人的公司没有买这些。

采访者：那您当时在公司工作的时候有没有和公司签合同呢？

被采访者：简单的签了一下。

采访者：那就是相当于签了一个劳动合同对吧？

被采访者：对。

采访者：在您看来，就您目前的工作环境，您认为什么样的工作权利还需要得到保护呢？

被采访者：像报酬，劳动保护方面，还有节假日这些。

采访者：您对您现在工作的城市有什么看法？对现在工作的城市的认识是怎样的？

被采访者：这个问题嘛，还有点点复杂。

采访者：那您对您目前的工作状态是否满意？

被采访者：有待提高。

采访者：有待提高，就是不是很满意对吧？

被采访者：对。

采访者：那在您未来的一年中最想做的一件事是什么呢？

被采访者：在未来最想做的事，这个目前还没想过，只是想努力挣钱，让家人过得好点。

采访者：那您在未来的长期打算是什么呢？

被采访者：长期打算嘛，能有一份自己的事业，在未来的几年内。

采访者：好的，谢谢您接受我的采访。

第9章

结论与政策建议

9.1 主要结论

本书研究对农民工家庭消费的习惯形成效应进行了验证。以2002年～2015年的CHIPS、CLDS和CGSS微观调查数据为基础，利用组群方法构建出“伪面板”，在生命周期中消费如何合理配置和消费如何在各种消费品中配置这两个方面对两代农民工家庭消费的内部和外部习惯形成采用广义矩估计方法进行了估计。

首先，在生命周期中消费如何合理配置方面，农民工总体样本的消费存在过度敏感性，也没有内部习惯形成，但存在外部习惯形成；如将农民工划分成第一代农民工和新生代农民工进行分析，他们的家庭消费同样没有内部习惯形成，但存在外部习惯形成。新生代农民表现出更强烈的消费敏感性。两代农民工消费都没有表现出内部习惯形成，表明农民工受到农村消费模式和城市消费模式的双重影响，消费习惯尚不确定，没有建立自身真正的消费习惯。

其次，在消费结构的配置方面，第一，农民工总体样本显示食品类消费呈现外部形成习惯效应；居住消费与医疗保健消费呈现耐久性，不存在外部习惯形成效应；文教娱消费呈现内部习惯形成效应；在家庭设备用品及服务消费上无习惯形成效应。第二，两代农民工家庭消费的习惯形成与消费行为有较大不同。新生代农民工居住消费呈现耐久性和外部习惯形成效应；第一代农民工在文教娱消费和其他商品和服务消费上存在内部习惯形成，新生代农民工在文教娱方面的消费呈现耐久性，而无外部习惯形成效应；在家庭设备用品及服务消费方面，第一代农民工表现出消费的耐久性，而新生代农民工表现出消费的外部习惯形成。总体而言，新生代农民工消费行为更易受外部习惯形成影响，而第一代农民工更易受内部习惯形成影响。我们发现，从总量消费来看，农民工虽然没有表现出内部习惯形成，但不意味着在各消费类型上也没有内部习惯形成。

9.2　政策建议

如今消费对经济推动的比重越来越大，据国家商务部的数据显示，2018 年消费对经济增长的贡献率已达 76.2%。中国城镇共有 2 亿多农民工，农民工特别是新生代农民工的消费潜力是巨大的，如果措施得当，提高他们的素质和劳动技能，增加他们的收入，并且引导正确、合理的消费方式，让他们特别是新生代农民工的消费习惯接近城市居民，使其消费潜力得到释放，对我国经济增长方式的转型具有十分重要的意义。由此，本书研究提出以下建议和措施。

9.2.1　逐步建立完善的社会保障制度，减少农民工受不确定性因素影响

从以往的文献及本书研究的结果显示，在某些消费品上农民工表现出显著的内部习惯形成。习惯类似于谨慎，在经济高速发展和经济转型的国情下，社会保障体制的健全尤为重要，具有“社会稳定器”的功能，起到安定社会生活的作用。完善的社会保障制度一方面可缓解农民工的谨慎心理，减少不确定性，另一方面可提高农民工的边际消费倾向，消费升级，释放更多的消费潜能。

1. 加大财政投入力度，健全城乡统筹的社保体系

社会保障体制属于公共投入，必须依靠各级政府资金大力投入。目前来看，我国的社会保障体系并不完善，还存在统筹程度低、范围窄、覆盖面小等问题。《中共中央关于构建社会主义和谐社会若干重大问题的决定》提出：“覆盖城乡居民的社会保障体系要在 2020 年基本建立”，社会保障体系在城镇完成度相对较高，农村居民社会保障刚刚起步，城镇化和工业化的发展让大量

的农民工涌入城市，他们的社保应该纳入城镇社会保障体系，而农民工的户籍在农村，我国二元的户籍制度尚未改变，城乡社保体系还存在制度分设、管理分割的现象，如果在城市生活因失业、失能等原因造成收入减少，因不能享受城镇社保而难以维持基本的生活，不仅是农民工个人的损失，也会对企业和地方经济发展带来不利影响。因此加快城乡统筹的社会保障制度尤为迫切，特别是城乡社保制度的整合与异地社保手续衔接等问题是当务之急，并在此基础上全力推进政策、制度、管理和服务的统一，让农民工在异地也能得到城乡统筹社会保障。

2. 促进商业保险发展，作为社保重要补充

积极促进商业保险的发展。社会保险虽然覆盖面大，参保人数多，但目前毕竟只能提供最基本的保障。要想得到更高的保障水平，就只能参加商业保险。鼓励有条件、有意愿的农民工参加商业保险，同时对参加商业保险的农民工给予税收优惠的鼓励。引导商业保险公司开发更多养老保险和工伤保险等险种，以适应商业保险市场的发展。

3. 加强宣传和政策引导，促使农民工参保

采取各种措施，让符合社保覆盖范围的农民工都能参加社会保障。社保部门应通过政策宣讲和引导，针对不同工种和岗位的农民工最迫切需要的险种，分阶段、分批次地将未参加养老保险、医疗保险、工伤保险的农民工基本都纳入社保体系中。同时要注意解决漏保和重复参保的问题，让农民工的参保率切实得以提高。

4. 提高社会救助水平，筑牢最后安全网

农民工一旦因工伤、失业等原因导致收入急剧减少时，需要政府向其提供社会救助。社会救助是社会保障网络中最后的防线，应重视对农民工贫困人群的救扶力度，帮助他们克服困难，创造条件让他们重新回到正常生活轨道上。要做好对困难农民工群体的登记和审查工作，保证经费切实用到最需要的人身上。

9.2.2 提高农民工收入，缩小与城镇居民的收入差距

消费都是建立在收入基础上的，低收入的消费是缺乏动力的。根据国家统

计局的数据显示，2017 年全国城镇非私营单位职工年收入为 74320 元，私营单位职工年收入为 45760 元，而农民工平均年收入为 41800 元，与城镇居民相比有较明显的差距。低收入会抑制农民工的消费倾向，阻碍他们向城市消费模式的学习，因此应缩小农民工与城镇居民的收入差距。

1. 保障农民工的合法权益

要在初次劳动分配中切实保护农民工的合法权益，落实最低工资制度，建立与基础 CPI 相联系的农民工工资的正常增长机制，落实工程建筑项目的农民工工资保证金制度，以此来逐步提高农民工的劳动报酬。

2. 加大对中小企业的扶持力度

中小企业对我国经济发展具有重要作用，全国 90% 以上都是中小企业，而且创造了 60% 以上的 GDP 和 50% 以上的税收收入，以及 80% 以上的城镇就业岗位。大多数中小企业是民营企业，是农民工就业的主要渠道，中小企业的发展对农民工的收入提高和缩小与城镇居民的收入差距有重要意义。但中小企业发展面临的最大困难是资金的匮乏。银行倾向于向国有大企业和效益好的企业贷款，而中小企业因风险高、规模小、抵押物少，往往很难得到银行的信贷支持。而通过创业板等资本市场成功融资的中小企业毕竟是少数，并不能代表整体。通过民间借贷进行融资会给中小企业带来沉重的利息负担。所以中小企业通常只能通过自身积累来获取资金，往往这是一个漫长的过程，不利于面对瞬息变化的市场环境做出正确的决策。为此，可采取以下措施扶持中小企业：

第一，解决融资难问题。对中小微企业贷款上限提高。成立融资担保基金，通过对融资担保机构进行再担保，给中小微企业提供贷款支撑平台。将创业担保贷款贴息范围扩大，囊括在城市中自主创业的农民工。

第二，对中小企业降费减税。要做到放宽范围，提高标准，体现普惠性。如降低企业增值税降率，提高应纳税所得额和增值税小规模纳税人的起征点，对科技型企业施以更多的税收优惠措施等。

第三，政府采购政策支持中小企业。政府采购额度中要有一定比例留给中小企业，在采购中遇到同质量、同价格的情况，应优先选择中小企业的产品或服务。

9.2.3 大力推进城市公共租赁住房的建设，让农民工能在城市安居乐业

房价是包括劳动力要素在内的生产要素聚集效应的体现，一个地方生产要素综合产出越高，劳动力要素得到的分配就越多，收入就越高，从而推动了房价的上涨，也吸引更多劳动力加入。但农民工大多文化层次低，素质不高，只能从事“苦、脏、累”的工作，收入也相对较低。城市房价对于大多数农民工而言是难以负担的，只能居住条件不好的房屋或集体宿舍甚至工棚。由此带来的后果是，一方面，农民工难以融入城市，对城市没有归属感，一旦政策或经济形势变化，就可能回归故乡。另一方面，正如前面研究中指出的，因为是临时性住所，第一代农民工在家居消费中就舍不得投入更多资金。而且新生代农民工住房消费观念受到城镇居民的影响，一旦有安定的住所，就会带动相关产业消费。所以，城市高房价对提升农民工的消费能力是十分不利的，有必要在公共租赁住房上下足功夫，让农民工能在城市安定下来。

1. 加大宣传公共租赁住房的力度

正确的住房消费理念是“先租后买，由小及大”，在农民工收入较低的时候，应该采取先租赁居住，住小房子，等到收入提高，有一定积蓄的时候可以考虑先购买面积较小的住房，积蓄足够时再购买大面积住房或进行住房置换。公共租赁住房扩大了廉租房只针对最低收入群体这一过窄的范围，克服了经济适用房只针对城镇居民的弊端，弥补了个人出租房的数量的短缺、运作不规范等缺陷，可为中低收入农民工提供数量充足、价格合理和租期稳定的房源。因此，宣传公共租赁住房，有利于培养农民工正确的住房消费观。

2. 政府加大对公共租赁住房等保障性住房的投入力度

政府要在建设用地、政策和资金上积极支持。继续对保障性住房采取优惠的财税政策，加大信贷支持力度，支持保障性住房建设单位发行企业债券。中央政府应对修建保障性住房但财政困难的地区给予补助资金倾斜。

3. 明确住房优先保障对象

保障性住房公平公正性就在于优先保障对象应是包括农民工在内的低收入群体。农民工应优先得到保障性住房，同时，要综合考虑家庭人口数量、代际

结构、性别结构、支付能力等因素对申请人员进行先后排序，根据实际情况配置不同户型。

4. 补助极端困难对象

对于经济条件很差又拖家带口的农民工，根据其实际情况可适当降低保障性住房租金。同时，地方政府或用工单位可给予其一定的住房补助。

5. 将农民工纳入公积金制度实施范围

对于工作稳定的农民工，特别是年轻农民工，将其住房公积金纳入城镇居民公积金体系内，制度实施水平要与城镇居民一致。

9.2.4 加强对年轻农民工的职业教育培训，提升素质和就业技能

年轻农民工能否增强竞争力，在城市立足，创造更多的就业机会，在于自身素质的提高和知识的储备。很多年轻农民工由于多种原因，学校受教育阶段可能并不长，导致只能从事低端工作，影响了职业发展前景，阻碍了农民工成为产业化工人的进程。职业教育和技能培训给年轻农民工提供了继续教育的机会，拓展了职业进一步发展的空间。

1. 要完善农民工职业技能培训制度

教育部门要积极组织、整合、利用成人学校、职业技术学校（院）的资源，对年轻农民工开展职业技能培训。各类学校的培训人次要达到一定的规模，并且财政资金支持力度要与之挂钩。职业技能培训要长期化，将农民工纳入终身培养体系。

2. 技能培训要有针对性

培训内容要以市场需求为导向，确定市场需要的职业或工种进行专门化培训。要注意各个地方的劳动力特点不同，市场需求不同，培训内容要符合当地的产业结构特征。

3. 加强企校合作

职业学校注重对理论知识的培训，企业更注重实际能力的应用，企校双方应对培训内容和要求加以沟通和衔接，并且根据市场需求的变化而调整。

4. 培训形式多样化

培训可采取周末班、夜校、集中培训、现场演示、实地操作等多种灵活形

式，培训采取日校办夜校、办周末学校、集中培训、播放教学光盘、现场实习等灵活多样的形式，培训学习时间宜长则长，宜短则短。寒暑假期间可在农村地区举办返乡农民工脱产学习班。

9.2.5 解决农民工子女的就学问题，解除其后顾之忧

农民工背井离乡，为城市发展建设做出了积极贡献，农民工子女也应该有公平受教育的权利。长期以来，我国的教育资源分配十分不平衡，城乡差距十分明显，即使在城市，资源也分配不均衡。由于缺乏资源，农民工子女城市就学并不公平，往往就读于城市基础薄弱的学校、城乡接合部学校或民办农民工子弟校，这些学校在师资、教学设施、教学质量上与优秀学校相比差距非常显著。让农民工子女能上学，上好的学校，体现了教育公平、社会对弱势群体的态度和“温度”，不仅解决了农民工的后顾之忧，也能让农民工市民化过程顺畅。教育部也提出了“统筹保障不同群体入学，加快建立以居住证为主要依据的义务教育随迁子女入学政策”。

1. 留足农民工子女招生名额

城市学校无论是公立还是民办，除了正常招生，应预留一部分指标给在该城市工作的农民工子女，明确招生的时间、计划、手续等，简化入学程序。对于此类学校，政府财政应该按人头进行补助。

2. 刹住名目众多的乱收费

社会上存在“以钱择校”“以权择校”等现象，明面上是义务教育阶段，但一些学校利用赞助费、择校费、借读费等名目进行乱收费。农民工本身就是弱势群体，缺乏资金和人脉进行投入，使子女失去了进入学校的机会。对于这种歪风邪气应该予以坚决制止。

3. 支持民办学校发展

民办学校容纳了大量农民工子女，但不少民办学校资金短缺、教学设施缺乏、管理水平低、师资力量弱。应加大财政对民办学校的资金支持，改善其办学条件。

4. 加强学籍管理

加强农民工子女的学籍管理，准确掌握学籍异动情况，完善综合素质评

价，建立健全成长档案，做好子女学籍档案流动的衔接工作。

9.2.6　引导年轻农民工形成合理的消费意识和良好的消费观

第一代农民工基本还遵循传统的农村消费模式，保守、节俭、注重储蓄。与上一辈相比，新生代农民工成长在一个网络、信息、社交新媒体都空前繁荣的年代，他们有更多机会体验新的消费工具和消费模式，消费心理趋于前卫，也更注重生活的品质，消费模式更接近城市居民。我们的研究也表明，新生代农民工在居住、家庭生活设备上的消费明显受到城市居民的影响。因此，如何引导新生代农民工正确消费、合理消费，提升他们的消费能力值得探讨。

1. 激活新生代农民工消费潜力

第一，寻找新的消费热点。结合新生代农民工的消费特点，寻找新兴的消费热点，比如电子消费、青春、时尚等，同时结合网络等新型消费渠道，探索和打造消费增长新模式，开发适合新生代农民工消费的文化产品。第二，优化消费环境。要营造良好的消费环境，不歧视消费者，加强商品售后服务，让新生代农民工安心消费。农民工的消费权益必须得到保障，同时农民工的消费安全意识也应该提高。第三，解决农民工消费的后顾之忧。除了通过调整收入结构增加农民工收入外，避免出现拖欠、克扣农民工工资的现象，政府应加大对此类企业的处罚力度。

2. 改变年轻农民工的非理性消费方式

新生代农民工消费观念更多受到城市居民的影响，消费方式越来越城市化，消费更看重的是是否时尚、是否有档次，逐渐具有享受性消费和炫耀性消费的特征。随着农民工市民化进程加快，收入增加，接受、享受城市消费方式无可厚非，但新生代农民工消费也呈现非理性的现象，如新生代农民工虽然收入有限，但是在返乡消费方面却往往表现出了与收入不符的悖反性特征①，带有一定的炫耀性色彩②。因此，可采取以下措施改变新生代农民工的非理性

---

①　梁库，金晓彤，佟金昱．我国新生代农民工春节返乡消费特征分析——以冀北横河村“90后”群体为例［J］．经济视角（上旬刊），2014（8）：1-3.

②　梁彩花，周金衢，张琼．返乡农民工炫耀性消费行为的社会心理分析［J］．广西民族研究，2010（4）：170-174.

消费。

第一，提高新生代农民工的城市社会融入感，增强其城市身份认同。当新生代农民工比较好地感知到城市的社会融入时，可以弥补其身份认同的矛盾与困惑，从而缓解其非理性消费等问题。政府部门要注意引导，采取有效举措，如完善城市社会保障体系，使年轻农民工与城市居民享受同等福利待遇；城市公共资源要一视同仁地提供给新生代农民工使用；提倡包容文化，让新生代农民工与城市居民能够互相理解、互相尊重、互相包容；催发新生代农民工也是城市的主人翁的意识，调动其积极参与城市建设和各种公益活动。

第二，提升新生代农民工的文化素质和知识结构。新生代农民工应通过对文化教育类服务消费的增加提升人力资本积累，有利于他们在劳动力市场更具竞争力，打通向上的流动渠道，更好地融入城市社会。

第三，充分利用媒体资源进行宣传和引导。通过各种媒介多渠道宣传理性的消费方式，扭转不合理的消费理念与消费结构，倡导消费要建立在实际收入水平上的理性消费，引导新生代农民工转变生活方式和价值观念，减少新生代农民工的冲动消费和炫耀性消费。

9.2.7 加快推进城乡户籍制度改革，增强新生代农民工的城市认同感

新生代农民工长期在城市工作生活，大部分新生代农民工对农村的乡土认同逐渐降低，对城市的认同感已经超过了原来对农村的认同，不再认同农民身份（王春光，2001；刘俊彦，2007；胡晓红，2008；王兴梅，2010），并且产生了对农村生活习惯等方面的排斥（胡晓红，2008），但同时还没有真正建立起城市认同，对自己的身份认同呈现出模糊的状态，对城市的社会认同却依然不明确（王春光，2001；王兴梅，2010）。由于新生代农民工对制度身份认同感较低，处于“双重边缘人”的状态。在面对在农村居民时，会显著增加对城市的认同感，但当面对城市居民时，这种认同感又会急剧下降（刘芳等，2011）。应加快城乡户籍制度的改革，加快新生代农民工的市民化脚步，消除他们的认同模糊感。乡村振兴战略规划（2018～2022 年）提出，“加快推进户籍制度改革，全面实行居住证制度，促进有能力在城镇稳定就业和生活的农业转移人口，有序实现市民化。”

1. 完善年轻农民工城镇落户制度

城镇落户条件要进一步放宽，有稳定工作或在城镇就业居住超过一定年限的农民工应给予优先考虑。户籍在农村的学生升学或毕业时也应允许给予城镇户口。推进城镇居住证制度实施，农民工居住证申领门槛、享受的各项基本公共服务不低于国家标准。

2. 保障农民工的应有权益

继续扩大城镇基本公共服务范围和覆盖面，暂时未落户和已落户的农民工也应平等地享受当地城镇提供的基本公共服务。向农民工提供基本医疗卫生服务，将其纳入社区卫生和计划生育服务体系。将已落户农民工纳入城镇社保体系，在农村已经参保的应接入城镇社保体系，并做好社保关系的转移接续。保障教育公平性，鼓励当地公办幼儿园和学校接受农民工子女入园、入学。农民工的就业失业登记管理也应与城镇居民一致，政府要提供农民工的职业技能培训服务的补贴。

3. 完善年轻农民工入城的激励机制

维护农村居民的权益，为让有条件的农村居民安心落户城镇，要将城镇落户与农村“三权”① 脱钩，不应将其与作为农民进城落户的条件。政府财政应支持农民进城，进城落户农民数量要与城镇建设用地、财政转移支付、企业补贴等挂钩，政府和企业及个人要共同消化农民工市民化的成本。

9.2.8　加快消费信贷市场发展，减轻新生代农民工的流动性约束

本研究表明，农民工存在消费的敏感性，新生代农民工更为强烈。其中原因之一就是由于我国消费信贷市场发展滞后，新生代农民工无法通过借贷进行消费，受到很强的流动性约束，不利于消费的提升。为此，应加快发展我国的消费信贷市场，缓解流动性约束对新生代农民工消费的影响。

1. 完善消费者的个人征信体系及相关法律法规

通过建设和完善个人征信体系，有利于防范信用风险、为保障交易安全创造条件，约束消费者的不规范行为，防范道德风险的发生。目前我国虽出台了

---

① “三权”是指农村土地承包权、宅基地使用权和集体收益分配权。

《征信业管理条例》，各地也有相关规章、法规，但总体看还较粗糙，全国还没有形成统一的征信法律体系，有待进一步发展完善。

2. 扩大消费信贷品种，拓宽居民消费信贷渠道

我国消费信贷市场近年来快速发展，2017 年我国消费信贷（不含房贷）市场规模预计可达 9.8 万亿元[①]，但与发达国家相比，仍有非常大的差距，发展空间十分巨大。以居民消费需求为导向，简化信贷程序，对消费群体进行细化，扩大消费信贷品种，如家装、住房、教育、旅游、汽车、综合消费等产品或服务的消费信贷。扩宽居民消费信贷渠道，除了传统的银行、消费金融公司，随着互联网技术的发展，小贷公司和电商平台等应大力发展。同时，信贷的风险评价和监管也必不可少。

① 数据来源于《2017 年中国消费信贷市场发展报告》。

附录：问卷调查表

第一部分　基本信息

1. 您的户籍是：________ 省（自治区）________ 市。

2. 您家户主是：

A. 父亲　　B. 母亲　　C. 自己　　D. 配偶

3. 您的性别是：

A. 男　　B. 女

4. 您的年龄是：________岁（注：凡是有横线的选项，调查员应先将具体数字填入横线中，再在下面的选项中勾选，下同）。

A. 20 岁及以下　　B. 20～25 岁　　C. 25～30 岁　　D. 30～36 岁

5. 您的婚姻状况：

A. 已婚　　B. 未婚　　C. 离异　　D. 丧偶

6. 您的民族是：

A. 汉族　　B. 少数民族

7. 您是否信教：

A. 不信　　B. 信基督教　　C. 信伊斯兰教　　D. 信佛教

E. 信其他教

8. 您的受教育程度是：

A. 小学及以下　　B. 初中　　C. 高中或中专　　D. 大专及以上

9. 您的父亲受教育程度是：

A. 小学及以下　　B. 初中　　C. 高中或中专　　D. 大专及以上

10. 您的母亲受教育程度是：

A. 小学及以下　B. 初中　C. 高中或中专　D. 大专及以上

11. 您家的劳动力人数是：________人。

A. 1 人　B. 2 人　C. 3 人　D. 4 人　E. 5 人及以上

12. 您的家庭人口数是：________人。

A. 1 人　B. 2 人　C. 3 人　D. 4 人　E. 5 人及以上

13. 您家农村户口有：________人。

A. 1 人　B. 2 人　C. 3 人　D. 4 人　E. 5 人及以上

14. 您是否已经将您的户口正式迁到城镇？

A. 是　B. 否

15. 您有没有务农经历：

A. 有　B. 没有

16. 您有没有过留守经历（指父母在外地打工，自己留在家乡）：

A. 有　B. 没有

17. 您有几个小孩：________个。

18. 您家中是否有村干部或国家干部：

A. 有　B. 无

19. 您家是否有共产党员：

A. 有　B. 无

20. 您家有多少亩耕地：________亩。

A. 1 亩以下　B. 1 ~ 3 亩　C. 3 ~ 5 亩　D. 5 ~ 8 亩

E. 8 ~ 10 亩　F. 10 亩以上

第二部分　农村生活状况

21. 您原先（进城打工前）在农村主要从事的职业是：

A. 种植业　B. 养殖业　C. 手工业　D. 个体小商贩

E. 在（乡镇）企业做工　F. 自己办企业

G. 学生　H. 厂长、经理或承包者

I. 打零工　J. 无业

22. 您是在哪一年去城市打工的：__________年。

23. 进城前一年（比如您在 2015 年去城市打工，则去打工前一年是 2014 年，以此类推），您的月平均收入约为：________元。

A. 1000 元以下　　B. 1000～2000 元　　C. 2000～3000 元

D. 3000～4000 元　　E. 4000～5000 元　　F. 5000 元及以上

24. 进城前两年，您的月平均收入约为：________元。

A. 1000 元以下　　B. 1000～2000 元　　C. 2000～3000 元

D. 3000～4000 元　　E. 4000～5000 元　　F. 5000 元及以上

25. 进城前三年，您的月平均收入约为：________元。

A. 1000 元以下　　B. 1000～2000 元　　C. 2000～3000 元

D. 3000～4000 元　　E. 4000～5000 元　　F. 5000 元及以上

26. 您进城前家庭存款大约是多少：________ 万元。

27. 您进城后家庭存款在 2016 年大约是多少：________ 万元。

农村地区	进城前在农村消费情况（元）												
	A. 服装及化妆品费用	B. 伙食费用	C. 通信费用	D. 交通费用	E. 医疗费用	F. 学习培训费用	G. 应酬交际费用	H. 子女抚养费用	I. 娱乐费用	J. 住房支出费用	K. 上网费用	L. 其他费用	总计
28. 打工前一年每月在农村的消费													

注：表格内填每月消费数值。

第三部分　外出打工情况

（一）工作待遇及收入情况

29. 您现在在__________省（自治区）__________市打工。

30. 您现在在城市里从事的职业是：

A. 加工制造业　B. 建筑业　C. 批发零售业　D. 机关事业单位

E. 宾馆餐饮业　F. 交通运输仓储业

G. 金融保险房地产业　H. 科研技术服务业

I. 旅游业　J. 农林牧渔业　K. 采掘业　L. 家政服务业
M. IT 设备、服务、软件业　N. 其他

31. 您在城里的工作是通过以下哪个途径得到的：
A. 亲友介绍　B. 职业介绍所介绍
C. 政府组织　D. 劳动力市场
E. 人才交流中心　F. 自己找的
G. 网上招聘　H. 从报纸、电视上看到
I. 其他途径

32. 您在所在城市打工已经有：________年
A. 1 年及以下（包括 1 年）　B. 1～2 年（包括 2 年）
C. 2～3 年（包括 3 年）　D. 3～4 年（包括 4 年）
E. 5～10 年（包括 10 年）　F. 10 年以上

33. 您在一个单位最长工作年限是：________年
A. 1 年及以下（包括 1 年）　B. 1～2 年（包括 2 年）
C. 2～3 年（包括 3 年）　D. 3～4 年（包括 4 年）
E. 5～10 年（包括 10 年）　F. 10 年以上

34. 您出来打工的原因是什么（可多选）：
A. 出来创一番事业　B. 提高收入
C. 开阔眼界　D. 农村没前途
E. 农村生活条件太艰苦　F. 羡慕城里生活
G. 为了子女更好的将来　H. 其他

35. 您打工所在企业的人数规模是多大：
A. 7 人及以下　B. 8～19 人　C. 20～49 人　D. 50～99 人
E. 100～299 人　F. 300～499 人　G. 500～1000 人　H. 1001～4999 人
I. 5000 人以上

36. 您在城里 2016 年的月平均收入约为：________元。
A. 1000 元以下　B. 1000～2000 元
C. 2000～3000 元　D. 3000 元～4000 元
E. 4000～5000 元　F. 5000～6000 元
G. 6000～8000 元　H. 8000 元以上

37. 您自己认为理想的月收入是：

A. 1000 元以下　　B. 1000～2000 元

C. 2000～3000 元　　D. 3000 元～4000 元

E. 4000～5000 元　　F. 5000～6000 元

G. 6000～8000 元　　H. 8000 元以上

38. 您在城里打工所在企业的性质是：

A. 国有企业　　B. 民营企业　　C. 外资企业

39. 您在目前的这个岗位上是否涨过工资？

A. 是　　B. 否

40. 截止到目前，您涨过几次工资：______ 次。

A. 没有　　B. 1 次　　C. 2 次　　D. 3 次及以上

41. 您是否经常加班，如果有，加班费是多少：________ 元。

A. 没有　　B. 100 元以下　　C. 100～200 元　　D. 200～300 元

E. 300 元以上

42. 有无与厂方签订劳动合同？

A. 有　　B. 无

43. 老板（或工厂）有无拖欠工资现象？

A. 有　　B. 无

（二）生活与消费情况

44. 您每个月的收入主要用于哪些方面的开销：（可多选）

A. 服装及化妆品费用　　B. 伙食费用

C. 通信费用　　D. 交通费用

E. 医疗费用　　F. 学习培训费用

G. 应酬交际费用　　H. 子女教育费用

I. 娱乐费用　　J. 住房支出费用

K. 上网费用　　L. 其他

城镇地区	进城打工后消费情况（元）												
	A. 服装及化妆品费用	B. 伙食费用	C. 通信费用	D. 交通费用	E. 医疗费用	F. 学习培训费用	G. 应酬交际费用	H. 子女抚养费用	I. 娱乐费用	J. 住房支出费用	K. 上网费用	L. 其他费用	总计
45. 2016 年每月消费情况													

注：表格内填每月消费数值。

46. 您每个月存多少钱：________元。

A. 0～100 元　　B. 100～200 元　　C. 200～300 元

D. 300～400 元　　E. 500 元～1000 元　　F. 1000 元以上

47 您存钱的目的是什么（可多选）：

A. 子女教育　　B. 医疗费用　　C. 回家盖房

D. 养老　　E. 租房　　F. 防止失业

G. 供弟妹读书　　H. 消费　　I. 自己学习培训

J. 其他

48. 您有没有超前消费（即这个月预支下个月的收入）：

A. 有　　B. 没有

49. 您每个月寄回老家的金额：________元。

A. 0～100 元　　B. 100～200 元　　C. 200～300 元

D. 300～400 元　　E. 500 元以上　　F. 不寄钱回家

50. 您每个月寄回老家的钱主要用于（可多选）：

A. 子女抚养及教育　　B. 赡养老人

C. 偿还债务　　D. 修房子或买房

51. 您在城里的居住情况怎样：

A. 住公司宿舍　　B. 自己单独租房住　　C. 与配偶或情侣一起租房

D. 与他人合租　　E. 借住亲戚朋友家　　F. 与父母同住

G. 自己买的房

52. 您在城市主要与哪些人交往（可多选）：

A. 工友或同事　B. 老乡　C. 亲友
D. 同学　E. 网友　F. 其他

53. 您的业余活动是什么（可多选）：

A. 上网　B. 看电视/电影　C. 与朋友聊天
D. 培训学习　E. 逛街　F. 唱歌/跳舞/运动
G. 打麻将/打牌　H. 炒股　I. 喝酒/下馆子
J. 谈恋爱

参考文献

[1] 艾春荣，汪伟．习惯偏好下的中国居民消费的过度敏感性——基于1995—2005年省际动态面板数据的分析［J］．数量经济技术经济研究，2008（11）：98－114.

[2] 崔海燕，范纪珍．内部和外部习惯形成与中国农村居民消费行为——基于省级动态面板数据的实证分析［J］．中国农村经济，2011（7）：54－62.

[3] 陈强．高级计量经济学及Stata应用（第二版）［M］．北京：高等教育出版社，2014：302.

[4] 邓曲恒．城镇居民与流动人口的收入差异——基于Oaxaca-Blinder和Quantile方法的分解［J］．中国人口科学，2007（2）：8－16.

[5] 冯果，华翠．新生代农民工权益保护的现实困境与发展途径——基于经济法视角的探讨［J］．武汉大学学报（哲学社会科学版），2014（2）：48－52.

[6] 杭斌．习惯形成下的农户缓冲储备行为［J］．经济研究，2009（1）：96－105.

[7] 杭斌．城镇居民的平均消费倾向为何持续下降——基于消费习惯形成的实证分析［J］．数量经济技术经济研究，2010（6）：126－138.

[8] 杭斌．理性习惯偏好与居民消费行为［J］．统计研究，2011（3）：23－29.

[9] 杭斌，郭香俊．基于习惯形成的预防性储蓄——中国城镇居民消费行为的实证分析［J］．统计研究，2009（3）：38－43.

[10] 杭斌，申春兰．习惯形成下的缓冲储备行为［J］．数量经济技术经济研究，2008（10）：142－152.

[11] 杭斌，闫新华．住房交易约束与农户习惯形成［J］．数量经济技术

经济研究，2011（8）：65－76.

［12］杭斌，闫新华．经济快速增长时期的居民消费行为——基于习惯形成的实证分析［J］．经济学（季刊），2013（4）：1191－1208.

［13］胡晓红．社会记忆中的新生代农民工自我身份认同困境——以S村若干新生代农民工为例［J］．中国青年研究，2008（9）：42－46.

［14］黄凯南．制度演化经济学的理论发展与建构［J］．中国社会科学，2016（5）：65－78.

［15］黄晓燕，万国威．新生代农民工就业权益保障的现实效度分析——基于8个城市农民工群体的实证调查［J］．南开学报（哲学社会科学版），2016（4）：122－130.

［16］黄娅娜，宗庆庆．中国城镇居民的消费习惯形成效应［J］．经济研究，2014（S1）：17－28.

［17］贾男，张亮亮．城镇居民消费的“习惯形成”效应［J］．统计研究，2011（8）：43－48.

［18］贾男，张亮亮，甘犁．不确定性下农村家庭食品消费的“习惯形成”检验［J］．经济学（季刊），2011（1）：327－348.

［19］简新华．新生代农民工融入城市的障碍与对策［J］．求是学刊，2011（1）：60－63.

［20］金晓彤，崔宏静．新生代农民工社会认同建构与炫耀性消费的悖反性思考［J］．社会科学研究，2013（7）：104－110.

［21］金晓彤，李杨．我国新生代农民工消费行为差异研究——基于7大区域划分分析［J］．调研世界，2014（11）：34－40.

［22］金晓彤，韩成，聂盼盼．新生代农民工缘何进行地位消费？——基于城市认同视角的分析［J］．中国农村经济，2017（3）：18－30.

［23］金晓彤，周爽，赵太阳．新生代农民工的身份二元性及其返乡消费高可见性符号特征——基于城市异地务工青年的对比研究［J］．人口与经济，2017（5）：116－126.

［24］雷钦礼．财富积累、习惯、偏好改变、不确定性与家庭消费决策［J］．经济学（季刊），2009（3）：1029－1046.

［25］冷雄辉，易娜．新生代农民工消费行为研究——基于江西省的调查

[J]. 江西农业大学学报（社会科学版），2012（3）：62-66.

[26] 李春风，陈乐一，李玉双. 消费习惯下我国城镇居民持久收入的边际消费倾向——基于缓冲储备模型的理论与实证分析[J]. 现代财经，2012（11）：61-70.

[27] 李厚梅. 新生代农民工消费行为研究[D]. 合肥：安徽大学，2011.

[28] 李伟东. 新生代农民工的城市适应研究[J]. 北京社会科学，2009（4）：29-33.

[29] 李晓东，汪元宏. 新生代农民工心理现状及疏导机制研究[J]. 宁夏社会科学，2013（1）：57-59.

[30] 李焰. 关于利率与我国居民储蓄关系的探讨[J]. 经济研究，1999（11）：39-46.

[31] 李伊，郭志广. 经济转型期中国农村居民消费行为分析——基于微观面板数据[J]. 宏观经济研究，2013（4）：79-87.

[32] 梁彩花，周金衢，张琼. 返乡农民工炫耀性消费行为的社会心理分析[J]. 广西民族研究，2010（4）：170-174.

[33] 凌爱凡，吕江林. 有限周期内具有习惯形成与财富偏好的消费与储蓄问题[J]. 系统工程理论与实践，2011（1）：43-54.

[34] 刘传江，程建林. 第二代农民工市民化：现状分析与进程测度[J]. 人口研究，2008（5）：48-57.

[35] 刘芳，李海莹. 新生代农民工身份认同研究现状综述[J]. 科教导刊，2011（9）：166-167.

[36] 刘俊彦. 新生代农民工思想意识的几个特点[J]. 思想政治工作研究，2010（3）：14-16.

[37] 刘林平，王茁. 新生代农民工的特征及其形成机制——80后农民工与80前农民之比较[J]. 中山大学学报（社会科学版），2013（5）：136-150.

[38] 刘妮娜，张汝飞. 新生代流动人口家庭消费水平与消费结构研究[J]. 消费经济，2013（6）：31-34.

[39] 龙志和，周浩明. 中国城镇居民预防性储蓄实证研究[J]. 经济研究，2000（11）：33-38.

[40] 龙志和，王晓辉，孙艳．中国城镇居民消费习惯形成实证分析［J］．经济科学，2002（6）：29－35.

[41] 罗楚亮．经济转轨、不确定性与城镇居民消费行为［J］．经济研究，2004（4）：100－106.

[42] 罗恩立．新生代农民工就业能力问题初探：一个分析的框架［J］．经济问题探索，2010（3）：50－54.

[43] 罗锋，黄丽．人力资本因素对新生代农民工非农收入水平的影响——来自珠江三角洲的经验证据［J］．中国人口科学，2011（1）10－19.

[44] 罗瑞荣，卢福财．新生代农民工的职业困境与解决对策［J］．农村经济，2011（1）：111－115.

[45] 罗竖元．社会网络、身份认同与新生代农民工的心理危机［J］．华南农业大学学报（社会科学版），2018（4）：95－105.

[46] 倪建伟．新生代农民工城市消费现状与影响因素研究——基于长三角939份问卷调查的实证分析［J］．经济体制改革，2015（6）：84－89.

[47] 诺斯．经济史中的结构与变迁［M］．上海：上海三联书店，1991：225.

[48] 齐福全，王志伟．北京市农村居民消费习惯实证分析［J］．中国农村经济，2007（7）：53－59.

[49] 青木昌彦．比较制度分析［M］．上海：上海远东出版社，2001：11.

[50] 舒尔茨．制度与人的经济价值的不断提高［A］．财产权利与制度变迁［C］．上海：上海三联书店，1991：253.

[51] 孙超骥，郭兴方．新生代农民工的消费行为研究［J］．价格月刊，2010（11）：85－88.

[52] 唐有财．新生代农民工消费研究［J］．学习与实践，2009（12）：102－107.

[53] 万广华，张茵，牛建高．流动性约束、不确定性与中国居民消费［J］．经济研究，2001（11）：35－44.

[54] 王春光．新生代农村流动人口的社会认同与城乡融合的关系［J］．社会学研究，2001（3）：63－76.

[55] 汪丁丁. 经济发展与制度创新 [M]. 上海: 上海人民出版社, 1995: 5.

[56] 汪佳佳. 城乡二元体制下农民工消费行为“两栖性”探究 [J]. 青年与社会, 2013 (7): 240-241.

[57] 王美艳. 城市劳动力市场上就业机会与工资差异——外来劳动力就业与报酬研究 [J]. 中国社会科学, 2005 (5): 36-46.

[58] 王美艳. 新生代农民工的消费水平与消费结构: 与上一代农民工的比较 [J]. 劳动经济研究, 2017 (6): 107-126.

[59] 王梦怡, 姚兆余. 新生代农民工消费行为及其影响因素——基于南京市783份调查问卷 [J]. 湖南农业大学学报 (社会科学版), 2014 (1): 43-48.

[60] 王小华, 温涛, 朱炯. 习惯形成、收入结构失衡与农村居民消费行为演化研究 [J]. 经济学动态, 2016 (10): 39-49.

[61] 王兴梅. 新生代农民工的社会认同研究——以山东省农民工的实证研究为例 [D]. 济南: 山东大学, 2010.

[62] 王艳华. 新生代农民工市民化的社会学分析 [J]. 中国青年研究, 2007 (5): 38-41.

[63] 王一帆. 新生代农民工薪酬权益保障研究 [J]. 中国青年研究, 2015 (8): 73-78.

[64] 韦森. 社会制序的经济分析导论 [M]. 上海: 上海三联书店, 2001.

[65] 闻英. 新生代农民工特点的实证分析——基于与第一代农民工比较的视角 [J]. 山东青年政治学院学报, 2011 (3): 34-38.

[66] 吴祁. 新生代农民工消费行为实证研究——以南通市为例 [J]. 南京人口管理干部学院学报, 2012 (3): 23-28.

[67] 肖特. 社会制度的经济理论 [M]. 上海: 上海财经大学出版社, 2003: 15.

[68] 肖伟, 阳慎初. “80后”农民工消费观念变迁研究 [J]. 长沙大学学报, 2008 (3): 33-34.

[69] 徐会奇, 李辉, 李敬强. 有限理性视角下城镇居民消费决策综合模型的理论构建——基于1979年—2010年省际动态面板数据的分析 [J]. 经济

科学，2012（3）：38－49.

［70］闫超．基于社会认同视角的新生代农民工炫耀性消费行为影响机理研究［D］．吉林：吉林大学，2012.

［71］严翅君．长三角城市农民工消费方式的转型——对长三角江苏八城市农民工消费的调查研究［J］．江苏社会科学，2007（3）：224－230.

［72］闫新华，杭斌．内、外部习惯形成及居民消费结构——基于中国农村居民的实证研究［J］．统计研究，2010（5）：32－40.

［73］晏艳阳，官飞宇．中国居民消费习惯形成的二元结构研究［J］．统计与信息论坛，2011（6）：39－44.

［74］杨琦，李玲玲．新生代农民工的劳动供给与经济增长方式的转变［J］．中国人口科学，2011（1）：45－53.

［75］杨潇，金晓彤．发展型消费的影响因素：基于新生代农民工与同龄城市青年的比较研究［J］．农业技术经济，2016（5）：60－70.

［76］杨小凯．经济学：新兴古典与新古典框架［M］．北京：社会科学文献出版社，2003.

［77］叶海云．试论流动性约束、短视行为与我国消费需求疲软的关系［J］．经济研究，2000（11）：39－44.

［78］于丽敏．农民工消费行为影响因素研究：以东莞为例［D］．长沙：中南大学，2010.

［79］袁靖华．边缘青年情绪心理危机的测量与疏导——基于浙江新生代农民工的调查［J］．青年研究，2015（2）：77－84.

［80］袁志刚，朱国林．消费理论中的收入分配与总消费——及对中国消费不振的分析［J］．中国社会科学，2002（2）：69－76.

［81］臧旭恒．居民跨时预算约束与消费的数假定及验证［J］．经济研究，1994（9）：51－59.

［82］翟天昶，胡冰川．农村居民食品消费习惯形成效应的演进研究［J］．中国农村经济，2017（8）：61－74.

［83］张从丽．基础设施与经济发展关系探析［J］．经济与管理，2008（4）：10－13.

［84］赵建国，周德水．养老保险、定居期望与新生代农民工城市融入

[J]. 农业技术经济, 2018 (10): 36 - 47.

[85] 周林刚. 地位结构、制度身份与农民工集体消费 [J]. 中国人口科学, 2007 (8): 88 - 95.

[86] 周绍杰, 张俊森, 李宏彬. 中国城市居民的家庭收入、消费和储蓄行为: 一个基于组群的实证研究 [J]. 经济学 (季刊), 2009 (4): 1197 - 1220.

[87] Abel, A. Asset Prices under Habit Formation and Caching up with the Joneses [J]. *American Economic Review*, 1990, 80 (2): 38 - 42.

[88] Alessie, R., Kapteyn, A. Habit Formation, Interdependent Preferences and Demographic Effects in the Almost Ideal Demand System [J]. *Economic Journal*, 1991, 101 (406): 404 - 419.

[89] Alessie, R., Lusardi, A. Consumption, Saving and Habit formation [J]. *Economics letters*, 1997, 55 (1): 103 - 108.

[90] Alessie, R., Teppa, F. Saving and Habit Formation: Evidence from Dutch Panel Data [J]. *Empirical Economics*, 2010, 38 (2): 385 - 407.

[91] Alvarez-Cuadrado, F., G. Monteiro, S. J. Turnovsky. Habit Formation, Catching up with Joneses, and Economic Growth [J]. *Journal of Economic Growth*, 2004, 9 (1): 47 - 80.

[92] Anderson, T. and Hsiao, C. Estimation of Dynamic Models with Error Components [J]. *Journal of the American Statistical Association*, 1981, 76 (375): 598 - 606.

[93] Ando, A., Modigliani, F. The "Life Cycle" Hypothesis of Saving: Aggregated Implications and Tests [J]. *American Economic Review*, 1963, 53 (1): 55 - 84.

[94] Angelini, V. Consumption and Habit Formation When Time Horizon is Finite [J]. *Economics Letters*, 2009, 103 (2): 113 - 116.

[95] Arellano, M., Bond, S. Some Tests of Specification for Panel Data: Monte Carlo Evidence and an Application to Employment Equation [J]. *Review of Economic Studies*, 1991, 58 (2): 277 - 297.

[96] Arellano, M., O. Bover. Another Look at the Instrumental Variable Estimation of Error-Components Models [J]. *Journal of Econometrics*, 1995, 68 (1):

29 -51.

[97] Blanciforti, L. A. , Green, R. An Almost Ideal Demand System Incorporating Habits: An Analysis of Expenditures on Food and Aggregate Commodity Groups [J]. *Review of Economics and Statistics*, 1983, 65 (3): 511 -515.

[98] Blundell, R. , S. Bond. Initial Conditions and Moment Restrictions in Dynamic Panel Data Model [J]. *Journal of Econometrics*, 1998, 87 (1): 115 -143.

[99] Blundell, R. , Browning, M. , Meghir, C. A Microeconometric Model of Intertemporal Substitution and Consumer Demand, Discussion Paper in Economics 89 -11, University College London? 1989.

[100] Boldrin, M. , L. Christiano, J. Fisher. Habit Persistence, Asset Returns and the Business Cycles [J]. *American Economic Review*, 2001, 91 (1): 149 -166.

[101] Braun, P. A. , Constantinides, G. M. , Ferson, W. E. Time Nonseparability of Aggregate Consumtion: International Evidence [J]. *European Economic Review*, 1999, 37 (5): 897 -920.

[102] Browning, M. , M. Collado. Habits and Heterogeneity in Demands: A Panel Data Analysis [J]. *Journal of Applied Econometrics*, 2007, 22 (3): 625 -640.

[103] Browning, M. , Deaton, A. , Irish, M. A Profitable Approach to Labor Supply and Commodity Demands over the Life-Cycle [J]. *Econometrica*, 1985, 53 (3): 503 -543.

[104] Caballero, R. J. Consumption Puzzles and Precautionary Savings [J]. *Journal of Monetary Economics*, 1990, 25 (2): 113 -136.

[105] Caballero, R. J. Earning uncertainty and aggregate wealth accumulation [J]. *American Economic Review*, 1991, 81 (4): 859 -871.

[106] Campbell, J. Y. , Cochrane, J. H. By Force of Habit: Consumption-Based Explanation of Aggregate Stock Market Behavior [J]. *Journal of Political Economy*, 1999, 107 (2): 205 -251.

[107] Carrasco, R. , J. Labeaga, J. López-Salido. Consumption and Habits: Evidence from Panel Data [J]. *Economic Journal*, 2005, 115 (1): 144 -165.

[108] Carroll, C. D. The Buffer-Stock Theory of Saving: Some Macroeconomic Evidence [J]. *Brookings Papers on Economic Activity*, 1992, 23 (2): 61 -156.

[109] Carroll, C. D. Buffer-Stock Saving and The Life ~ Cycle/Permanent Income Hypothesis [J]. *Quarterly Journal of Economics*, 1997, 112 (1): 1 –55.

[110] Carroll, C. , J. Overland, Weil, D. Saving and Growth with Habit Formation [J]. *American Economic Review*, 2000, 90 (3): 341 –355.

[111] Carroll, C. D. , Samwick, A. A. The Nature of Precautionary Wealth [J]. *Journal of Monetary Economics*, 1997, 40 (1): 41 –71.

[112] Carroll, C. D. and Samwick, A. A. How Important is Precautionary Saving? [J]. *Review of Economics and Statistics*, 1998, 80 (3): 410 –419.

[113] Carroll, C. , Weil, D. Saving and Growth: A Reinterpretation [J]. *Carnegie-Rochester Conference Series on Public Policy*, 1994 (40): 133 –192.

[114] Chamberlain, G. "Panel Data", in Zvi Griliches and Michael D. Intriligator, eds. , *Handbook of Econometrics* [Z]. Amsterdam: North-Holland, 1984, Edition 1: 1247 –1318.

[115] Collado, M. D. Estimating Dynamic Models From Time Series of Independent Cross-sections [J]. *Journal of Econometric*, 1997, 82 (1): 37 –62.

[116] Constantinides, G. M. Habit Formation: A Resolution of the Equity Premium Puzzle [J]. *Journal of Political Economy*, 1990, 98 (3): 519 –543.

[117] Deaton, A. Panel Data from Time Series of Cross-Sections [J]. *Journal of Econometrics*, 1985, 30 (1 –2): 109 –126.

[118] Deaton, A. Saving and Liquidity Constraints [J]. *Econometrica*, 1991, 59 (2): 1221 –1248.

[119] Deaton, A. Understanding Consumption [M]. Oxford: Clarendon Press, 1992.

[120] Deaton, A. Saving and Growth [R]. Woodrow Wilson School-Develpment Studies, Princeton, 1997.

[121] Deaton, A. , Muellbauer, J. An almost ideal demand system [J]. *The American Economic Review*, 1980, 70 (3): 312 –326.

[122] Diaz, A. , J. Pijoan-Mas, Rios-Rull, J. Precautionary Savings and Wealth Distribution under Habit Formation Preferences [J]. *Journal of Monetary Economics*, 2003, 50 (6): 1257 –1291.

[123] Duesenberry, J. S. Income, Savings, and the Theory of Consumer Behavior [M]. Cambridge: Harvard University Press, 1949.

[124] Dunn, K. B., Singleton, K. J. Modeling the Term Structure of Interest Rates under Non-Separable Utility and Durability of Goods [J]. *Journal of Financial Economics*, 1986, 17 (1): 27 -55.

[125] Dynan, K. Habit Formation in Consumer Preferences: Evidence from Panel Data [J]. *American Economic review*, 2000, 90 (3): 391 -406.

[126] Eichenbaum, M. S., Hansen, L. P., Singleton, K. J. A Time Series Analysis of Representative Agent Models of Consumption and Leisure Choice under Uncertainty [J]. *The Quarterly Journal of Economics*, 1988, 103 (1): 51 -78.

[127] Ferson, W. E., Constantinides, G. M. Habit Persistence and Durability in Aggregate Consumption: Empirical Tests [J]. *Journal of Financial Economics*, 1991, 29 (2): 199 -240.

[128] Flavin, M. The Adjustment of Consumption to Changing Expectations about Future Income [J]. *Journal of Political Economy*, 1981, 89 (5): 974 -1009.

[129] Friedman, M. A Theory of the Consumption Function. Princeton [M]. N J.: Princeton Univ. Press, 1957.

[130] Fuhrer, J. Habit Formation in Consumption and Its Implications for Monetary Policy Models [J]. *American Economic Review*, 2000, 90 (3): 367 -390.

[131] Greene, W. H. On the Asymptotic Bias of the Ordinary Least-Squares Estimator of the Tobit Model [J]. *Econometrica*, 1981, 49 (2): 505 -513.

[132] Greif, A., Kingston, C. "Institutions Rules or Equilibria"? in N. Schofield and G. Caballero, eds., Political Economy of Institution, Democracy and Voting, Berlin Springer, 2011: 13 -43.

[133] Guariglia, A., Rossi, M. Consumption, Habit Formation and Precautionary Saving: Evidence from British Household Panel Survey [J]. *Oxford Economic Papers*, 2002, 54 (1): 1 -19.

[134] Hall, R. Stochastic Implications of the Life Cycle-Permanent Income Hypothesis: Theory and Evidence [J]. *Journal of Political Economy*, 1978, 86 (6): 971 -987.

[135] Hansen, L. P. Large Sample Properties of Generalized Method of Moments Estimators [J]. *Econometrica*, 1982, 50 (4): 1029 -1054.

[136] Hayashi, F. The Permanent Income Hypothesis and Consumption Durability: Analysis Based on Japanese Panel Data [J]. *The Quarterly Journal of Economics*, 1985, 100 (4): 1083 -1113.

[137] Hayek, F. A. Law, Legistration and Liberty: Rules and Order [M]. Chicago: Chicago Press, 1973.

[138] Heaton, J. The Interaction between Time-nonseparable Preferences and Time Aggregation [J]. *Econometrica*, 1993, 61 (2): 353 -385.

[139] Heien, D., Durham, C. A Test of the Habit Formation Hypothesis Using Household Data [J]. *Review of Economics and Statistics*, 1991, 73 (2): 189 -199.

[140] Houthakker, H. An International Comparison of Personal Saving [J]. *Bulletin of the International statistical Institute*, 1961 (38): 55 -70.

[141] Keynes, J. M. The General Theory of Employment, Interest and Money [M]. New York: Harcourt Barce, 1936.

[142] Koichiro, I. Food Consumption Expenditure and Habit Formation: Evidence from Japanese Household Panel Data [R]. Esri Discussion Paper Series No. 264, 2011: 1 -18.

[143] Lee, Lung-Fei. Simultaneous Equations Models with Discrete and Censored Dependent Variables [A]. P. Manski, D. McFadden. Structural Analysis of Discrete Data with Econometric Applications [C]. Cambridge: MIT Press, 1978: 346 -364.

[144] Lewis, D. K. Convention: A Philosophical Study [M]. MA: Harvard University Press, 1969: 58.

[145] McKenzie, D. J. Estimation of AR (1) Models with Unequally Spaced Pseudo-panels [J]. *Econometric Journal*, 2001, 4 (1): 89 -108.

[146] Meghir, C., Weber, G. Intertemporal Non-Separability or Borrowing Restrictions? A Disaggregate Analysis Using a U. S. Consumption Panel [J]. *Econometrica*, 1996, 64 (5): 1151 -1181.

[147] Modigliani, F. The Life Cycle Hypothesis of Saving and Inter-Country

Differences in Saving Ratio [A]. Eltis, W. *et al.* Induction, Growth and Trade: Essays in Honour of Sir Roy Harrod [C]. UK: Oxford University Press, 1970.

[148] Moffitt, R. Identification and Estimation of Dynamic Models with a Time Series of Repeated Cross-section [J]. *Journal of Econometrics*, 1993, 59 (1-2): 99-123.

[149] Moschini, G. Units of Measurement and the Stone Index in Demand System Estimation [J]. *American Journal of Agricultural Economics*, 1995, 77 (1): 63-68.

[150] Muellbauer, J. Habits, Rationality and Myopia in the Life-Cycle Consumption Function [J]. *Annales dEconomie et de Statistique*, 1988 (9): 47-70.

[151] Naik, N. Y., Moore, M. J. Habit Formation and Intertemporal Substitution in Individual Food Consumption [J]. *The Review of Economics and Statistics*, 1996, 78 (2): 321-329.

[152] Nickell, S. Biases in Dynamic Models with Fixed Effects [J]. *Econometrica*, 1981, 49 (6): 1417-1426.

[153] Olsen, R. J. Approximating a Truncated Normal Regression with the Method of Moments [J]. *Econometrica*, 1980, 48 (5): 1099-1105.

[154] Pagano, P. Habit Persistence and the Marginal Propensity to Consume in Japan [J]. *Journal of the Japanese and International Economies*, 2004, 18 (3): 316-329.

[155] Pollak, R. A. Habit Formation and Dynamic Demand Functions [J]. *Journal of Political Economy*, 1970, 78 (4): 745-763.

[156] Pollak, R. A. Interdependent Preferences [J]. *American Economic Review*, 1976, 66 (3): 309-320.

[157] Ryder, J., G. Heal. Optimal Growth with Intertemporally Dependent Preferences [J]. *Review of Economics Studies*, 1973, 40 (1): 1-31.

[158] Seckin, A. Essays on Consumption with Habits Formation [D]. Ottawa: Carleton University, 1999.

[159] Seckin, A. Consumption with Habit Formation, *CIRANO Working Papers*, 2000s-39.

[160] Smith, W. Consumption and Saving with Habit Formation and Durability [J]. *Economics Letters*, 2002, 75 (3): 369 -375.

[161] Steger, T. M. Productive Consumption and Growth in Developing Countries [J]. *Review of Development Economics*. 2000, 4 (3): 365 -375.

[162] Stone, G. P. City Shopper and Urban Identification: Observation on the Social Psychology of City Life [J]. *American Journal of Sociology*, 1954, 60 (1): 36 -45.

[163] Tobin, J. Estimation of Relationships for Limited Dependent Variables [J]. *Econometrica*, 1958, 26 (1): 24 -36.

[164] Verbeek, M. , Nijman. T. Can Cohort Data Be Treated as Genuine Panel Data? [J]. *Empirical Economics*, 1992 , 17 (1): 9 -23.

[165] Weil, P. Precautionary Savings and the Permanent Income Hypothesis [J]. *Review of Economic Studies*, 1993, 60 (2): 367 -383.